L'accès à la justice au Niger

Collection « Études africaines »

dirigée par Denis Pryen et son équipe

Forte de plus de mille titres publiés à ce jour, la collection « Études africaines » fait peau neuve. Elle présentera toujours les essais généraux qui ont fait son succès, mais se déclinera désormais également par séries thématiques : droit, économie, politique, sociologie, etc.

Dernières parutions

Diensia Oris-Armel BONHOULOU, La succession du président Félix Houphouët-Boigny et la crise ivoirienne, 2021.

Bakary DRAMÉ, Droit comparé de la commande publique au sein de l'UEMOA, Étude des droits des marchés publics du Burkina Faso, de la Côte d'Ivoire, du Mali et du Sénégal, 2021

Armel Habib SANDIO KAMGA, *La responsabilité des agents de l'administration en droit camerounais. Une responsabilité plurielle,* 2021.

Magloire ONDOA et Patrick Edgard ABANE ENGOLO (dir.), *L'exception en droit. Mélanges en l'honneur de Joseph Owona*, 2021.

Saliou dit Baba DIALLO, *Wolofs et Français en pays soninké. Bakel (Sénégal) à l'épreuve des intrusions étrangères (XVIe-XXe siècles),* 2021.

Florent Kambasu Kasula, *Développement solidaire et accompagnement des groupements paysans. Capitalisation de 20 ans d'expérience du CEFADES en RDC*, 2021.

Dodo Boukari Abdou Karimou, *La coopération franco-nigérienne de Diori Hamani A Issoufou Mahamadou. Du clientélisme au partenariat ?* 2021.

Hygin Didace AMBOULOU, *Code fiscal OHADA, 1e édition*, 2021.

Hygin Didace AMBOULOU, *OHADA. Le cadre juridique des investissements agricoles et la problématique de l'incohérence des politiques économiques*, 2021.

Abdourahamane Oumarou LY

L'ACCES A LA JUSTICE AU NIGER

L'autoreprésentation devant les juridictions

Préface de Mahaman Laouali Dan Dah

L'Harmattan

Du même auteur

Partis politiques, démocratie et État de droit en Afrique : l'exemple du Niger
Paris, l'Harmattan, 2017

Les mécanismes de lutte contre la corruption au Niger (obstacles et renforcement)
Paris, l'Harmattan, 2019

5-7, rue de l'École-Polytechnique ; 75005 Paris

http://www.editions-harmattan.fr

ISBN : 978-2-343-23036-8

EAN : 9782343230368

Dédicace

A ma mère Diénaba Diawara, en reconnaissance éternelle pour tout

"Une sentinelle se tient postée devant la Loi ; un homme de la campagne vient un jour la trouver et lui demande la permission de pénétrer dans la Loi. Mais la sentinelle lui dit qu'elle ne peut pas le laisser entrer en ce moment. L'homme réfléchit et demande alors s'il pourra entrer plus tard. C'est possible, dit la sentinelle, mais pas maintenant. La sentinelle s'efface devant la porte, ouverte comme toujours, et l'homme se penche pour regarder à l'intérieur à travers la porte. La sentinelle, le voyant faire, rit et dit: 'Si tu en as envie essaie donc d'entrer malgré ma défense. Mais dis-toi bien que je suis puissant. Et je ne suis que la dernière des sentinelles. Tu trouveras à l'entrée de chaque salle des sentinelles de plus en plus puissantes ; dès la troisième, même moi, je ne peux plus supporter leur vue."
Franz Kafka, Le Procès (œuvre posthume 1925)
Folio, classique n°1840.

Préface

L'autoreprésentation demeure un phénomène de grande ampleur devant les juridictions du Niger. Pour l'écrasante majorité de la population, par contrainte plus que par choix, c'est le mode naturel de représentation en justice.

Grâce à l'autoreprésentation, les justiciables peuvent facilement accéder aux tribunaux, et se retrouvent, en profanes, dans l'engrenage des codes et pratiques du système judiciaire. C'est leur unique réconfort serait-on tenté d'avancer. Par contre, le procès équitable, caractéristique de l'Etat de droit, devient hors d'atteinte des plaideurs agissant seuls ; le déséquilibre apparaît encore plus nettement lorsque ces derniers sont opposés à un professionnel du droit.

Dès lors, il convient de s'interroger sur le phénomène de l'autoreprésentation devant les juridictions notamment ses méfaits sur les citoyens et le système judiciaire ; le tout avec pour finalité les mesures (additionnelles) idoines à prendre par les pouvoirs publics. C'est à cette tâche que s'attèle l'essai de Mr Abdourahamane Oumarou Ly, qui dresse un contour de l'autoreprésentation à travers d'abord le profil-type du justiciable qui y recourt, un citoyen indigent et de niveau d'instruction faible. Ensuite, l'étude nous transporte à travers son parcours judiciaire parsemé d'embûches de toutes sortes, avec au bout du compte des chances quasi nulles de gain du procès.

Afin de remédier à l'autoreprésentation des couches sociales défavorisées, les pouvoirs publics ont créé en 2011, l'Agence nationale de l'assistance juridique et judiciaire dont la mission consiste notamment en l'assistance judiciaire et juridique aux personnes démunies.

En dépit des réalisations de cette structure, beaucoup de chemin reste encore à faire pour la mise en œuvre du droit d'accès à la justice, garantie fondamentale du procès équitable. A cet effet, des mécanismes de renforcement doivent être prévus tendant à la prise en charge partielle ou totale des frais du procès. Cette responsabilité incombe à l'Etat qui doit tout mettre en œuvre, au-delà de la proclamation du principe, pour en faciliter l'accès. Concrètement, selon le professeur Guinchard, le droit d'accès à la justice est relié aux obstacles juridiques et financiers qui se dressent sur la voie du justiciable que l'Etat doit lever. C'est à une conclusion pareille que parvient Mr Ly, lorsqu'il prône la création des conditions de l'amélioration substantielle de l'accès à travers des services de l'assistance judiciaire dotés de moyens conséquents. Assurément, cet essai constitue une contribution à la connaissance du phénomène de l'autoreprésentation dont le recours massif ne favorise pas l'administration d'une "*bonne justice*".

Dr Mahaman Laouali Dan Dah

Magistrat, consultant
Ancien ministre de la Justice, Garde des sceaux du Niger

Liste des sigles et abréviations

ANAJJ : Agence nationale de l'assistance juridique et judiciaire

ASCN : appelé du service civique national

CA : Cour d'appel

CADHP : Commission africaine des droits de l'homme et des peuples

CAfDHP : Cour africaine des droits de l'homme et des peuples

CADHP : Charte africaine des droits de l'homme et des peuples

C. CASS : Cour de cassation

CEDH : Convention européenne de sauvegarde des droits de l'Homme et des libertés fondamentales

CEDEF : Convention sur l'élimination de toutes les formes de discriminations à l'égard des Femmes

CIDE : Convention internationale des droits de l'enfant

CouEDH : Cour européenne des droits de l'homme et des peuples

F CFA : Franc de la communauté financière en Afrique

CPP : Code de procédure pénale

DCO : défenseur commis d'office

DUDH : Déclaration universelle des droits de l'homme et des peuples ;

INS : Institut national des statistiques

OPJ : Officier de police judiciaire

ODD : Objectif de développement durable

OUA : Organisation de l'Unité africaine

PARJ : Programme d'appui aux réformes judiciaires

PIDCP : Pacte international des droits civils et politiques

PNJDH : Politique nationale justice et droits humains

PNUD : Programme des nations unies pour le développement

SMIG : Salaire minimum interprofessionnel garanti

TAC : Tribunal d'arrondissement communal

TI : Tribunal d'instance

TGI : Tribunal de grande instance

TC : Tribunal communal

UA : Union africaine

VNU : volontaire des Nations unies

1 Introduction

L'un des passages marquants du discours historique de Nelson Mandela à l'occasion de son investiture en 1994, en tant que premier président noir de l'Afrique du Sud, est que *« règne la justice pour tous »*. Ce propos témoigne des difficultés des systèmes judiciaires à assurer l'accès universel à la justice partout dans le monde[1]. Et pourtant, le droit d'ester en justice ou locus standi représente la porte d'accès à la justice, une *« condition de l'effectivité des règles juridiques[2] »*.

Le lexique des termes juridiques[3]le définit, sous la dénomination du droit d'accès à un juge, comme le *« droit pour tout individu de s'adresser aux tribunaux, en toute liberté et égalité d'armes avec son adversaire, pour la défense de ses intérêts.»* Une définition similaire apparaît sous la plume de Louis Favoreu et Thierry-Serge Renoux[4], pour qui le droit d'accès à un tribunal est décrit comme *« le droit pour toute personne physique ou morale [...], d'accéder à la justice pour y faire valoir ses droits »*.Retenant mais dépassant ce sens, Francesco Francioni[5]retient en outre que l'accès à la justice signifie le droit d'un individu non seulement de saisir un tribunal, mais aussi pour que sa cause soit entendue et jugée.

---

[1]Justice pour tous, Rapport du groupe de travail sur la justice, avril 2019. www.justice.sdg.16.plus, consulté le 2 février 2020.

[2]GIRARDET Alain, Mettre l'homme au cœur de la justice, hommage à BRAUNSCHEIG A, Paris, A.F.H.J, Litec, 1997. p.1.

[3]Lexique des termes juridiques, Dalloz 25èmeédition, 2017-2018, p.8.

[4]Louis Favoreu et Thierry-Serge Renoux, Le contentieux constitutionnel des actes administratifs, extrait du Répertoire Dalloz du contentieux administratif, Paris, Sirey, 1992, p. 90 et s.

[5]Francesco Francioni, access to justice as a human right , Academy of European law, European University Institute, Oxford university press, p.1

Autrement dit, c'est la possibilité de porter une affaire devant une juridiction pour faire valoir ses droits ou demander réparation. Droit fondamental de l'homme et maillon essentiel dans un Etat de droit, l'accès à la justice est consacré par les instruments internationaux, régionaux[6] et nationaux des droits de l'homme ainsi que les ODD.
La Résolution A/RES/70/1, adoptée par l'Assemblée générale des Nations unies, le 25 septembre 2015, a réitéré tout l'intérêt accordé par la communauté internationale à l'accès à la justice contenu dans l'ODD n°16[7].
Au Niger, les premières lois intervenues dans les années « 60 »[8] faisaient déjà la part belle aux principes fondamentaux de l'organisation judiciaire que l'on retrouve de nos jours, et visaient principalement le rapprochement du justiciable de la justice, sans expressément faire référence à l'accès à la justice. Non plus, les différentes Constitutions qu'a connues le pays, en l'occurrence la Constitution du 25 novembre 2010[9]. Il a

---

[6]Les dispositions de ces instruments seront examinées infra.

[7]L'ODD N°16 est ainsi libellé : *«promouvoir l'avènement de sociétés pacifiques et inclusives aux fins du développement durable, assurer* ***l'accès de tous à la justice*** *et mettre en place, à tous les niveaux, des institutions efficaces, responsables et ouvertes à tous. »*
Cet objectif consacre la relation entre le droit et le développement durable. En ce qui concerne particulièrement l'accès à la justice, la qualité de l'organisation judiciaire doit permettre de l'assurer et correspondre aux exigences liées au développement durable.

[8]L'on peut citer la Loi N°61-28 du 15 juillet 1961 et la Loi N°62-18 du 20 juillet 1962 qui prévoient des procédures de saisine par simple déclaration verbale devant les juridictions, avec une place de choix accordée à la conciliation et le recours aux assesseurs coutumiers.
Voir Maryse Raynal, Les institutions judiciaires du Niger, Niamey, ministère français de la Coopération et du développement, décembre 1990, p.7

[9] Toutefois, il faut relever que cette Constitution dans son préambule fait référence aux instruments internationaux relatifs aux droits de

fallu, pour sa consécration formelle, attendre la Loi N°2015-23 du 23 avril 2015, portant Code de procédure civile, qui à l'article 3 dispose que :*« toute personne a le droit de saisir les juridictions nationales compétentes de tout acte violant les droits fondamentaux qui lui sont reconnus et garantis par la Constitution, les conventions internationales, les lois et les règlements en vigueur. »*

Malgré la proclamation du principe, l'accès à la justice se caractérise par la persistance de nombreux obstacles qui la rend hors d'atteinte pour les populations les plus vulnérables et démunies, qui préfèrent, soit l'inaction, soit la saisine de la justice coutumière. Ce n'est que lorsque l'évitement [10] n'est pas possible que le citoyen lambda se décide à emprunter, seul, le labyrinthe de la justice[11].L'autoreprésentation constitue donc la règle, à l'opposé, la représentation en justice, l'exception.

Afin de rendre notamment effective la réalisation du droit, l'Etat a engagé des réflexions suivies d'un vaste chantier de réformes judiciaires amorcé sous la transition militaire de 1999-2000, puis formalisé plus tard par l'adoption du PAJR sous la 6ème République. Presque dans la foulée, se sont tenus, du 26 au 30 août 2012, les états généraux de la Justice chargés de dresser l'état des lieux du

---

l'homme notamment la DUDH et la CADHP qui proclament le droit d'accès à la justice.

[10]Dans certains cas, le justiciable n'a pas le choix notamment en matière pénale ou pour l'obtention de certains actes comme les pièces d'état civil par exemple.

[11] La littérature dominante nomme ce plaideur solitaire tantôt de "plaideur agissant seul", tantôt de "personne non représentée par avocat" ou "justiciable non représenté". Alors que le premier terme laisse sous-entendre que l'individu a fait le choix de l'autoreprésentation, les seconds indiquent que l'autoreprésentation s'impose parfois à la personne, notamment par manque de ressources. En Afrique, c'est plutôt cette dernière situation qui prévaut, nul justiciable ne refuserait une assistance judiciaire disponible. Dans cet essai, nous allons utiliser le terme de JNR.

fonctionnement du 3ème pouvoir et proposer des solutions propres à un développement qualitatif, à court, moyen et long terme. Une PNJDH ainsi que son plan d'action de mise en œuvre ont été adoptés par Décret N°2015-320/PRN/MJ du 25 juin 2015. L'objectif de la PNJDH est de *« contribuer à rendre la justice plus performante, plus accessible et plus protectrice des droits et libertés*[12]. *»* Dans cette optique, une des mesures prises a trait à la création de l'aide juridique et judiciaire au bénéfice des personnes indigentes.

L'intérêt porté à l'autoreprésentation, qui consiste à se présenter sans bénéficier des services d'un conseil devant une juridiction, s'explique par le fait que le thème ne retient pas abondamment l'attention de la doctrine[13]. Théoriquement, le JNR a les mêmes droits que le justiciable représenté ; néanmoins, dans les faits, il se place dans une situation de net désavantage[14]. La

---

[12] ministère de la Justice, Plan d'action de mise en œuvre de la politique nationale Justice et droits de l'homme, 2016-2025, p.6.

[13]Toutefois, la littérature Canadienne, plus spécifiquement Québécoise, en la matière est non négligeable. Au Niger, on peut citer quelques travaux liés à l'accès à la justice notamment : Amina Balla Kalto, La problématique de l'accès à la justice au Niger, Revue Electronique Afrilex, juillet 2013 ; Boubacar Issa Abdourahamane, Les juges à l'épreuve de la démocratisation : l'exemple du Niger, Revue Electronique Afrilex, juin 2003 ;Mahamane Makadah Ibrahim, L'accès à la justice, mémoire de fin de cycle pour l'obtention du master 2 en droit de la personne humaine et de la démocratie, Université d'Abomey-Calavi, 2014-2015, ABARCHI Djibril, Jurisprudence nigérienne et sécurité juridique : Les vicissitudes des sources du droit, Nouvelle Imprimerie du Niger, Niamey, 1993 ;Alou MahamanTidjani., La justice au plus offrant. Les infortunes du système judiciaire en Afrique de l'Ouest (autour du cas du Niger), Politique africaine, vol. 83, no. 3, 2001.

[14]Ce déséquilibre est relevé dans la décision de la Cour d'appel du Québec Azar c. Concordia University, 2008 QCCA 936, par. 13.
Voir Laniel, R., Bahary-Dionne, A. & Bernheim, E. (2018). Agir seul

problématique de la présente recherche consiste à savoir dans quelle mesure un tel plaideur, indigent, débouté souvent par les services chargés de l'assistance judiciaire, peut-il bénéficier de l'égalité des armes inhérente à la notion de procès équitable ?

L'autoreprésentation est un phénomène qu'il convient, dans un premier temps, de mieux cerner à travers ses différents contours ; elle constitue une composante indissociable du concept de l'accès à la justice (Partie 1). Par la suite, l'étude nous amènera à nous intéresser à la notion de JNR sur le plan factuel, notamment ce qui le motive à choisir ou subir ce mode de représentation en justice ; on s'apercevra tout de même qu'il permet à la grande majorité des populations de saisir les juridictions en toutes matières (Partie 2). Enfin, le tout n'est pas d'agir en justice, faudrait-il encore pouvoir mettre en œuvre ses droits. En effet, les règles de procédure sont applicables à tous de la même manière et le JNR ne bénéficie d'aucun traitement spécial. Avec l'autoreprésentation, le rôle des parties et l'office du juge dans le procès s'en trouvent substantiellement bouleversés, particulièrement pour ce dernier dont Aristote disait qu'il maintient la balance égale entre deux parties ; le statut du JNR fait que la recherche de l'équilibre dans le respect des droits de chacun s'avère plus délicat. Il en résulte que l'autoreprésentation rend incontestablement contre-productive la réalisation du procès équitable (Partie 3).

L'étude sera conduite à la lumière du droit nigérien, en s'appuyant sur le civil et le pénal[15], complétée par une

---

en justice : du droit au choix- État de la jurisprudence sur les droits des justiciables non représentés. Les Cahiers de droit, 59(3), 495–532. doi:10.7202/1052476ar.

[15]Le choix de ces matières se justifie par leur prédominance dans les statistiques judiciaires ; en effet elles tiennent les 2 premières places en termes de volume d'affaires. Il ressort des statistiques de la Justice que les affaires coutumières (2356, en 2015-2016) et les affaires

enquête de terrain ainsi qu'un recours massif aux standards internationaux.

---

pénales (6189 personnes poursuivies en 2015-2016) tiennent le haut du pavé auprès des TI, juridictions de proximité par excellence. Précisons que la matière coutumière ne tient même pas compte du civil pur. Les justiciables du monde rural sont impliqués principalement dans les matières civiles (coutumières) et pénales. Voir Annuaire statistique de la justice 2012-2016, 6ème édition.

2 Première partie : l'autoreprésentation, composante essentielle de l'accès à la justice

Pour assurer leur accès à la justice, les individus peuvent, soit obligatoirement recourir aux services d'un conseil, soit agir seuls. Cette dernière alternative qui existe partout à travers le monde pour des raisons diverses est une composante essentielle de l'accès à la justice. Même en Occident où des dispositifs appropriés sont mis en place pour favoriser l'accès à la justice, des individus, pas forcément en manque de ressources financières ou de savoir intellectuel, font le choix de plaider seuls. Au Niger, le phénomène conduit des profanes à plaider en masse, sans que les solutions mises en œuvre pour le réduire parviennent véritablement à inverser la tendance. Afin de mieux appréhender l'autoreprésentation, qui est indissociable de l'accès à la justice, il importe d'abord de la situer dans le concept plus large de cette dernière notion (Titre 1), ensuite d'examiner le traitement jurisprudentiel qui en est fait (Titre 2).

2.1 Titre 1 : le concept théorique de l'accès à la justice

L'accès à la justice est un droit fondamental qui constitue une composante du procès équitable ; il a été largement affirmé à travers les instruments internationaux à portée universelle ou régionale (chapitre 1) ; la littérature juridique s'est également emparée de la problématique depuis belle lurette (chapitre 2).

2.1.1 Chapitre 1 : les instruments juridiques internationaux et régionaux sur l'accès à la justice

La source de ce droit a fait son apparition dans la DUDH avant sa reprise dans les autres instruments internationaux (Section 1) ainsi que régionaux (Section 2).

2.1.1.1 Section 1 : l'accès à la justice dans les instruments internationaux

L'accès à la justice apparaît dans la DUDH du 10 décembre 1948, sous forme d'idéal à atteindre à son article 8, en ces termes : *« toute personne a droit à un recours effectif devant les juridictions nationales compétentes contre les actes violant ses droits fondamentaux qui lui sont reconnus par la constitution ou par la loi. ».*

Le PIDCP adopté par l'Assemblée générale des Nations unies le 16 décembre 1966, à son article 2 §3 expose lui aussi les obligations des Etats parties à *« garantir que toute personne dont les droits et libertés reconnus dans le présent Pacte auront été violés disposera d'un recours utile, alors même que la violation aurait été commise par des personnes agissant dans l'exercice de leurs fonctions officielles.»* Parallèlement, l'article 14 §1 énonce que : *«[...] toute personne a droit à ce que sa cause soit entendue équitablement et publiquement par un tribunal compétent, indépendant et impartial, établi par la loi [...] »*

A côté de ces instruments majeurs, il faut compter les instruments régionaux.

2.1.1.2 Section 2 : l'accès à la justice dans les instruments régionaux

L'examen se limitera à la CEDH et à la CADHP.

2.1.1.2.1 Paragraphe 1 : la Convention européenne de sauvegarde des droits de l'homme et des libertés fondamentales

La CEDH a été signée le 4 novembre 1950 à Rome. Élaborée au sein du Conseil de l'Europe, elle a pour objet de définir un certain nombre de droits fondamentaux et d'instituer un mécanisme de contrôle et de sanction propre à assurer le respect de ces droits par les États signataires. La CouEDH du Conseil de l'Europe, créée par la Convention, est chargée de veiller à son respect par les 47 États qui l'ont ratifiée.

La Convention européenne consacre l'accès à la justice en ses articles 6§1 et 13 qui disposent respectivement que :

Article 6§1 *: « Toute personne a droit à ce que sa cause soit entendue équitablement, publiquement et dans un délai raisonnable, par un tribunal indépendant et impartial [...] ».*

Article 13 *:« Toute personne dont les droits et libertés reconnus dans la présente Convention ont été violés, a droit à l'octroi d'un recours effectif devant une instance nationale, alors même que la violation aurait été commise par des personnes agissant dans l'exercice de leurs fonctions officielles. »*

Les deux dispositions précitées sont complémentaires. Tandis que l'article 13 fait référence à toute instance, pour faire valoir son recours effectif, l'article 6§1 donne le droit de saisir tout tribunal avec toutes les garanties qui y sont attachées.

2.1.1.2.2 Paragraphe 2 : la Charte africaine des droits de l'homme et des peuples

La CADHP a été adoptée le 27 juin 1981 à Nairobi (Kenya) lors de la 18ème session ordinaire de la Conférence de l'OUA et est entrée en vigueur le 21 octobre 1986. Elle promeut et protège les droits humains et les libertés basiques sur le continent africain. L'article 1er du Protocole relatif à la CADHP, adopté le 10 juin 1998 à Ouagadougou, porte création d'une CAfDHP[16]. Il est spécifié à l'article 2 du Protocole que la Cour *« complète les fonctions de protection que la Charte africaine des droits de l'Homme et des peuples a conférées à la Commission africaine des droits de l'homme et des peuples »*.

La Cour africaine est le principal organe judiciaire chargé de la protection des droits de l'homme en Afrique. L'article 7-1de la Charte proclame l'accès à la justice en ces termes : *« Toute personne a droit à ce que sa cause soit entendue. Ce droit comprend: a. le droit de saisir les juridictions nationales compétentes de tout acte violant les droits fondamentaux qui lui sont reconnus et garantis par les conventions, les lois, règlements et coutumes en vigueur [...] »*.

La Commission de Banjul, chargée de la mise en œuvre de la CADHP a clairement explicité le contenu de ce droit à travers les Directives et principes sur le droit à un procès équitable et à l'assistance judiciaire en Afrique de 2003.

[16]Le Protocole de Sharm El Sheikh portant statut de la Cour africaine de justice et des droits de l'homme adopté le 1er juillet 2008 par la 11ème session ordinaire de la Conférence de l'UA en Egypte, prévoit la fusion de la CAfDHP avec la Cour de justice de l'UA en une Cour africaine de justice et des droits de l'homme.

L'exposé des dispositions du droit d'accès à la justice à travers différents instruments juridiques permet de se rendre compte de ses diverses appellations.

2.1.1.2.3 Paragraphe 3 : les différentes appellations et le contenu du droit d'accès à la justice

L'article 8 de la DUDH parle de *« recours effectif »* tandis que l'article 6 du même texte évoque le « *procès équitable* ». La Charte africaine introduit le droit *« à ce que sa cause soit entendue ».* De son côté, le PIDCP fait pour la première fois référence au *«recours utile »* (article 2, paragraphe 3) pour tous les droits visés par ce Pacte, et il garantit le droit d'*« introduire un recours devant un tribunal »* (article 9, paragraphe 4), le droit de toute personne *« à ce que sa cause soit entendue équitablement et publiquement »* (article 14, paragraphe 1) et le droit de toute personne à *« être jugée sans retard excessif »* (article 14, paragraphe 3, alinéa c).

Il semble donc que les termes *« recours effectif »* et *« accès à la justice »* sont utilisés de façon interchangeable[17]. Du fait ou à cause de ces diverses appellations, la notion d'accès à la justice recouvre plusieurs composantes à savoir :

- le droit à un recours effectif devant un tribunal ;
- le droit à ce que sa cause soit entendue équitablement, publiquement et dans un délai raisonnable par un tribunal indépendant et impartial, établi préalablement par la loi ;

[17]Voir les explications relatives à la Charte des droits fondamentaux (n° 14), p. 30, qui fait référence à la jurisprudence pertinente (*Airey c. Irlande*, n° 6289/73, 9 octobre 1979) de la CouEDH et qui utilise le terme « recours effectif » pour expliquer l'accès à la justice.

- le droit de se faire conseiller, défendre et représenter ; et
- le droit à une aide juridictionnelle pour ceux qui ne disposent pas de ressources suffisantes, dans la mesure où cette aide serait nécessaire pour assurer l'effectivité de l'accès à la justice[18].

Après son unanime reconnaissance dans les instruments passés en revue, le droit à l'accès à la justice a par ailleurs fait l'objet d'une abondante littérature.

2.1.2 Chapitre 2 : la littérature juridique sur l'accès à la justice

La problématique de l'accès à la justice ne date pas d'aujourd'hui (section 1), divers courants de pensée se sont emparés théoriquement de la question ; les auteurs la distinguent clairement des notions voisines (section 2). Une chose demeure certaine, il ressort unanimement de la doctrine que le *locus standi* constitue un droit fondamental (section 3**),** toujours d'actualité en Afrique (section 4).

2.1.2.1 Section 1 : l'accès à la justice, une problématique ancienne

La justice est tantôt saisie comme un idéal tantôt comme une institution, un pouvoir. Sous ce dernier angle, la justice est une institution publique chargée de garantir le règne du droit[19]. La fonction de la justice- institution est

---

[18] L'accès à la justice en Europe : Présentation des défis à relever et des opportunités à saisir, FRA – Agence des droits fondamentaux de l'Union européenne, 2010, p.17.

[19]KAMTO Maurice, rapporté par Brou Olivier Saint-Omer Kassi, Francophonie et justice : contribution de l'organisation internationale de la francophonie `à la construction de l'Etat de droit, thèse, Université de Bordeaux, 2015, p.21.

donc d'appliquer les lois, corriger l'injustice commise, réparer les dommages subis. La justice est une fonction régalienne de l'Etat qui en a la charge de s'assurer que justice est rendue équitablement aux citoyens, que l'idéal de justice est réalisé. Jean Carbonnier synthétise en disant ceci de la justice : « *Juger, rendre la justice, est une fonction essentielle de l'Etat : aussi existe-t-il un service public de justice, comportant des organes, les juridictions (tribunaux), et un personnel, un ensemble de corps destiné à les faire fonctionner.* »

Sur le marché des idées, diverses écoles ont marqué leur intérêt à la problématique de l'accessibilité de la justice qui est un débat international.

L'étude sera limitée aux années "70" qui ont été témoins de réflexions intenses sur la manière de fournir l'assistance judiciaire aux indigents.

Aux Etats unis, le mouvement de théorie juridique dit *« critical legal studies*[20] *»* s'est penché sur la question de l'accessibilité de la justice. Selon Macdonald, cette notion a deux composantes principales : la mise en place des programmes étatiques d'aide juridique et la réforme des tribunaux et des processus judiciaires[21].

Les processualistes Européens ont également cerné la question à travers des études scientifiques dans plusieurs pays. Il convient de noter les études scientifiques d'Yves Baraquin en France, Jean Pierre Godding et SaskiaPelgrims en Belgique, de Schuyt, Groenendijk et Sloot aux Pays-Bas[22].

---

[20]Les partisans de cette école apparue aux Etats unis dans les années "70" condamnent le libéralisme et le positivisme juridique.

[21] Macdonald, R. A. (1992). Accessibilité pour qui ? Selon quelles conceptions de la justice ? Les Cahiers de droit, 33 (2), 457–484. https://doi.org/10.7202/043145ar., consulté le 20 mars 2020.

[22]Christian Panier, L'accès au droit et à la justice, jalons pour une démocratie juridique et judiciaire ; Université Saint-Louis - Bruxelles

Le projet d'envergure sur la question de l'accès à la justice, toujours au cours de la même période, a été le *« projet de Florence »* mis en place par Mauro Cappelletti, Bryan Garth et Earl Johnson Jr, qui a réuni une équipe multidisciplinaire de près de 30 pays. Il visait notamment à assurer l'accès aux tribunaux à tous ceux qui n'ont pas les moyens pour faire face aux frais y relatifs.
Ces différentes expériences Européenne et Américaine ont servi de réformes sur l'accès à la justice à travers le monde.

2.1.2.2 Section 2 : la distinction de l'accès à la justice avec les notions voisines.

Dans leurs commentaires, les auteurs font une distinction de l'accès à la justice d'avec plusieurs notions voisines dont l'action en justice et l'accès au droit.

2.1.2.2.1 Paragraphe 1 : la distinction entre accès à la justice et action en justice

L'action en justice est définie par l'article 11 du Code de procédure civile comme *« le droit pour l'auteur d'une prétention d'être entendu sur le fond de celle-ci, afin que le juge la dise bien ou mal fondée. Pour l'adversaire, l'action est le droit de discuter le bien-fondé de cette prétention ».* Cette définition ne diffère pas de celle de Motusky, pour qui c'est *"la faculté d'obtenir d'un juge une décision sur le fond de la prétention à lui soumise".*
En définitive, l'action en justice est le prolongement ou l'expression directe du droit d'accès à un tribunal.

| « Revue interdisciplinaire d'études juridiques » 1980/2 Volume 5 | pages 1 à 34.

2.1.2.2.2 Paragraphe 2 : la distinction entre accès à la justice et accès au droit

Les notions d'accès au droit et d'accès à la justice sont intimement liées et complémentaires[23]. Frison-Roche[24] enseigne que l'accès à la justice *«permet à toute personne qui y a intérêt légitime et qui présente la qualité éventuellement requise, d'accéder à une juridiction pour que celle-ci statue sur sa prétention. L'accès à la justice est donc la condition antérieure au droit d'action et à la demande en justice».* L'auteure poursuit en faisant savoir que la notion d'accès au droit est plus difficile à cerner, et s'interroge même à quoi ressemble cet accès, étant donné que les règles de droit sont disponibles et leur effectivité est *« donnée »,* pourquoi vouloir alors organiser *« une prise ? »*

La notion d'accès au droit est apparue plus tardivement après l'accès à la justice, Xavier Souvignet la considère essentiellement comme, *« une question de fait, plus qu'une question, justement de droit ».* De son côté, Jacques Faget souligne que l'accès au droit représente *« au plan symbolique la conquête de la citoyenneté, l'accès au statut de sujet de droit, et au plan instrumental l'accès à l'information sur le droit, la capacité d'agir sur le droit soit offensivement (mettre en œuvre son droit), soit défensivement (faire respecter son droit)*[25]. »

---

[23] Dans certains textes, ils sont distincts (Niger), dans d'autres l'un contient les deux.

[24] FRISON-ROCHE, Marie-Anne, Le droit d'accès à la justice et au droit, in Libertés et droits fondamentaux, 16ème éd., Dalloz, pp.497-513.

[25] Rapporté par Faré Ali, « La contribution de l'Université à la consolidation de l'accès au droit et à la justice en Afrique noire francophone : entre modèle de marché et modèle du service public universel », Cliniques juridiques, Volume 2, 2018

De nos jours, eu égard à l'inflation normative, la règle de droit ne présente pas la clarté et la stabilité nécessaires, toutes choses qui n'apportent pas la sécurité à ses destinataires. Jacques Chevallier mentionne que la sécurité juridique *« comporte des implications diverses : présupposant l'accès au droit, elle implique aussi l'amélioration de la qualité de la production juridique et la protection contre l'instabilité des règles. »*

L'accès au droit vise à outiller le citoyen afin de mieux connaître ses droits, résoudre ses problèmes juridiques et pouvoir saisir les juridictions. Ce qui renvoie à un cadre juridique connu et compréhensible afin que chacun puisse exercer son droit fondamental d'accès à la justice.

2.1.2.3 Section 3 : l'accès à la justice, un droit fondamental

L'accès à la justice permet aux individus de saisir la justice en cas de violation de leurs droits ou de se protéger des atteintes à leurs droits[26]. Celui-ci est un bien social de base, tout comme la nourriture, le logement et les soins médicaux[27].L'accès à la justice permet la mise en œuvre d'autres droits fondamentaux, s'il n'existait pas la réalisation des droits à la justice serait impossible. Frison-

---

[https://www.cliniques-juridiques.org/?p=411], consulté le 11 avril 2020.

[26]Pour certains, cette conception semble limitée puisque de nos jours, des méthodes alternatives de résolution des litiges ont fait leur apparition. Ne faudrait-il pas alors étendre la conception classique d'accès à la justice ?

[27]Beverley McLachlin Accès à la justice et marginalisation : l'aspect humain de l'accès à la justice, Les Cahiers de droit Volume 57, Numéro 2, Juin 2016, p. 339–350.

Roche indique que l'accès à la justice est un droit qui a tous les autres droits[28]. Par exemple, pour faire valoir son droit à un procès équitable, il faut préalablement accéder la justice.

L'accès à la justice est la caractéristique de l'Etat de droit, d'où l'Etat doit tout mettre en œuvre pour s'en acquitter ; l'Etat devient donc un débiteur de justice et ses citoyens en sont les créanciers[29].

En France, nonobstant qu'aucun texte de droit positif interne ne prévoit le droit d'agir en justice, le Conseil constitutionnel s'est prononcé sur ce concept en lui reconnaissant une valeur constitutionnelle attachée à la protection des droits fondamentaux, notamment dans l'arrêt n° 96-373 DC du 9 avril 1996. Le professeur Guinchard, dans son commentaire de l'arrêt Airey C/ Irlande de la CouEDH du 9 octobre 1979 explique toute l'importance de l'effectivité de l'accès à la justice ; il n'est pas suffisant qu'un Etat érige dans sa législation un droit d'agir en justice, d'accéder aux tribunaux, si ce droit n'est pas garanti aux justiciables, dans le vécu quotidien et concret. Il précise que l'effectivité du droit d'agir en procès est l'expression de la fraternité dans le procès[30] ; sa

---

[28]Rapporté par Isaac Bolivar René Njupouen, Dynamiques alternatives pour l'accès au droit et à la justice dans un contexte de pauvreté : enjeux de l'Etat de droit, de la gouvernance et du développement durable, thèse en Sociologie, Ecole doctorale de Dauphine-ED 543, 2013, p. 40.

[29] J.-C. GAVEN, « La dette de justice. Enjeux citoyens d'un héritage européen » *in* L. CLÉMENT-WILZ, S. POILLOT-PERUZZETTO, dir., Construire la citoyenneté européenne, P.I.E. Peter Lang, 2014, p. 125.

[30] Sergeguinchard.blogspot.com belles pages 8 : le justiciable tel que la justice devrait le placer au centre de l'institution, consulté le 3 mai 2020.

violation doit appeler une sanction selon le Conseil des droits de l'homme de l'ONU[31].

2.1.2.4 *Section 4 : l'accès à la justice, une préoccupation d'actualité en Afrique*

Un rappel de la philosophie du droit traditionnel africain constitue un préalable (paragraphe 1) avant d'aborder l'accès à la justice devant les juridictions modernes (paragraphe 2).

2.1.2.4.1 Paragraphe 1 : un bref rappel de la philosophie du droit traditionnel africain

Les auteurs sont unanimes pour dire que la philosophie du droit traditionnel/coutumier africain diffère de la conception du droit occidental hérité de la colonisation[32], et donc l'administration de la justice. Selon Kéba Mbaye, les droits africains procèdent d'une conception originale, *« le procès, dans la coutume africaine, est non une discussion suivant les règles préétablies d'un jeu, mais une dispute dont il faut sortir vainqueur »*. L'auteur qualifie ce droit traditionnel africain, d'un droit essentiellement conciliatoire et non contentieux.

[31] Selon le Conseil des droits de l'homme de l'ONU, le refus d'accès à la justice constitue une violation suffisamment grave des droits de l'homme pour donner au réexamen d'une condamnation pénale en cas de non-respect du droit à interjeter appel. HRC de l'ONU, Earl Pratt et Ivan Morgan c. Jamaïque, communications n° 210/1986 et n° 225/1987. Avis adoptés le 6 avril 1989, document de l'ONU A/44/40, vol. II, p. 222.

[32] Voir sur cette question notamment Maryse Raynal, Justice traditionnelle, justice moderne, le devin, le juge, le sorcier, Paris, Harmattan, 2000.

Dans la justice traditionnelle précoloniale, les modes de saisine des autorités coutumières se faisaient sans formalités particulières, et l'issue des audiences permettait de ne pas briser le tissu social. A titre illustratif, dans le sultanat de Dosso, les justiciables comparaissaient directement devant le Djermakoye (sultan en langue Djerma) par simple plainte verbale. Cette période fut caractérisée par l'absence totale de barrières entre les populations de toutes catégories sociales et leur justice[33]. La comparution personnelle des parties devant la cour du chef coutumier permettait aux mécanismes sociaux de règlement des litiges de jouer. A l'occasion de l'audience, des conseils étaient prodigués, des remontrances, des mises en gardes faites aux parties ; s'il y avait lieu des sanctions ainsi que des réparations adaptées prononcées. La justice traditionnelle, proche des populations, était rendue dans les langues locales, sans frais, et recevait facilement leur adhésion. En principe, il n'y avait pas de mécanismes de représentation des parties par des tierces personnes, bien entendu qu'elles pouvaient se faire accompagner par leurs proches lesquels jouaient un rôle primordial, surtout lorsqu'il y avait des engagements à prendre dans le cadre de la médiation/conciliation avec la partie adverse. Exceptionnellement, en matière matrimoniale, un proche parent pouvait représenter une partie, en cas d'absence ou d'empêchement. La justice traditionnelle présentait comme trait identitaire son caractère participatif, tous les membres de la cour du chef, mieux tous les membres de l'assistance avaient droit à la parole dans le cadre de la manifestation de la vérité. Bien entendu que cette justice était entièrement gratuite ; ce qui n'excluait pas les cadeaux portés aux chefs par les parties

---

[33]Jean-Paul Rothiot, « Une chefferie précoloniale au Niger face aux représentants coloniaux, naissance et essor d'une dynastie », *Cahiers d'histoire. Revue d'histoire critique*, 85 | 2001, 67-83.

pour honorer leurs charges. En effet, comparaître devant le chef, que l'on a l'occasion de voir que rarement, était un honneur qui méritait, d'une manière ou d'une autre, un geste de reconnaissance. A ne pas s'y méprendre, ces cadeaux, remis souvent au vu et au su de tous, n'étaient pas des actes de corruption de nature à influencer la religion du chef.

En matière pénale, d'après les informations disponibles, on ne peut pas dire que la prison en tant qu'enfermement avait existé. C'est la réparation qui était privilégiée sous forme de prix du sang. Selon Jean-Pierre ALLINNE[34], la prison ne fut pas un *« instrument habituel du contrôle social dans la tradition africaine. »*

Sous le régime de l'indigénat de la colonisation, les affaires pénales relevaient des tribunaux indigènes, qui principalement étaient compétents pour appliquer les coutumes locales. Ce n'est qu'en 1944 que la Conférence de Brazzaville recommanda l'adoption d'un code pénal indigène commun à toutes les colonies[35].

La colonisation avait profondément bouleversé la philosophie et les procédures inhérentes à la justice traditionnelle. Un autre modèle de justice était venu se greffer au droit coutumier. C'est dans ces conditions qu'à l'indépendance, le Niger avait hérité son système judiciaire où coexistaient les institutions de justice traditionnelle et les nouvelles institutions de droit moderne[36]. Le droit coutumier continuait à régir, en

---

[34]Jean-Pierre ALLINNE, Jalons historiographiques pour une histoire des prisons en Afrique francophone, Clio@Thémis - n°4, 201, p.10

[35]Boubacar Hassane, Autorités coutumières et régulation des conflits en Afrique de l'Ouest francophone : entre l'informel et le formel ; la réforme des systèmes de sécurité et de justice en Afrique francophone, www.academia.edu, consulté le 15.05.20,

[36] Voir sur la question du pluralisme juridique : Bachir T. Talfi, Quel droit applicable au Niger ? Le pluralisme juridique en question, the Research department, The Danish Institute for Human Rights, 2008.

matière de statut personnel, l'écrasante majorité de la population. Depuis l'introduction en Afrique de la justice moderne, l'accès à la justice se pose avec acuité[37]. Où en sommes-nous de nos jours ?

2.1.2.4.2 Paragraphe 2 : l'accès à la justice devant les juridictions modernes

Parmi les critiques récurrentes dont fait l'objet la justice en Afrique, figure en bonne place son inaccessibilité pour le justiciable[38].Ce constat est toujours d'actualité ; plusieurs rapports d'étude soulignent l'inadaptation de l'offre[39], et les différentes thérapies administrées ne semblent pas avoir vaincu de manière significative la méfiance des citoyens.

Au titre des dysfonctionnements en matière d'accès, les états généraux de la justice au Niger relèvent notamment : *« le déséquilibre dans la répartition géographique des professionnels de la Justice, souvent concentrés dans la capitale, les problèmes liés à l'usage trop exclusif du français, l'éloignement des juridictions, l'insuffisance de ressources humaines et matérielles, la méfiance des citoyens à l'égard des acteurs de la Justice. »*

Amina Balla Kalto abonde dans le même sens lorsqu'elle pointe du doigt les multiples facteurs tant objectifs que subjectifs qui perturbent la jouissance de l'accès à la justice, et qui imposent à l'Etat l'obligation de mener des réformes pour réaliser l'idéal de justice et rendre effective

---

1 [37]Faré Ali,op cit.

[38] Jean du Bois de Gaudusson, La justice en Afrique : nouveaux défis, nouveaux acteurs, De Boeck Supérieur | « Afrique contemporaine »2014/2 n° 250 | pages 13 à 28.

[39] Dr Zeini Moulaye, Me Amidou Diabaté, Pr Yaya Doumbia, Gouvernance de la Justice au Mali, Friedrich Ebert Stiftug, novembre 2007 ; Sawadogo Salamata, Somé Paul André, Rapport final sur l'étude de l'accès à la justice au Burkina faso, septembre 2012.

la garantie des droits. A l'analyse, ce rôle n'est pas joué de manière satisfaisante tant des disparités criantes existent entre les populations riches et pauvres. Ce déséquilibre se prolonge, au-delà de l'accès, sous forme de menaces que l'institution judiciaire fait planer sur les droits et les libertés. Au Niger, l'institution se caractérise par sa promptitude à assurer la protection de la classe dirigeante, au détriment des individus qui ont trop peu de chance lorsqu'ils affrontent le pouvoir[40]. Tidjani Alou de conclure que l'accès à la justice est peu équitable, entre l'usager socialement bien placé et le commun de l'usager[41] .
L'accès à la justice a fait l'objet d'interprétations dont le niveau d'audience dépend de la juridiction considérée.

2.2 Titre 2 : La consécration de l'accès à la justice comme droit fondamental par la jurisprudence

Si l'accès à la justice revêt incontestablement le caractère de droit fondamental, il n'en demeure pas moins que son interprétation varie sensiblement selon la juridiction considérée. Successivement, les jurisprudences de la CouEDH (chapitre 1), de la CAfDHP (chapitre 2), de la Cour de la CEDEAO (chapitre 3), et des juridictions Nigériennes seront examinées (chapitre 4).

---

[40] Le déséquilibre de traitement est également perceptible entre les affaires impliquant le pouvoir et l'opposition, au détriment de cette dernière dont les plaintes sont presque systématiquement classées.
[41]Alou Mahaman Tidjani, op. cit .

2.2.1.1 Chapitre 1 : la jurisprudence audacieuse et en perpétuelle évolution de la CouEDH

La jurisprudence de la Cour fait de la Convention un instrument vivant et puissant pour la consolidation de l'Etat de droit. Le droit d'accès à la justice ne figure pas explicitement dans la Convention, mais plutôt le procès équitable ; toutefois la CouEDH l'a retenu à travers son interprétation. Après le délai raisonnable, c'est le second thème en importance traité par cette juridiction.

Afin de mieux cerner l'interprétation de la Cour, exposons in extenso la disposition de l'article 6, paragraphe 1 de la Convention :

« *Toute personne a droit à ce que sa cause soit entendue équitablement, publiquement et dans un délai raisonnable, par un tribunal indépendant et impartial, établi par la loi, qui décidera, soit des contestations sur ses droits et obligations de caractère civil, soit du bien-fondé de toute accusation en matière pénale dirigée contre elle. Le jugement doit être rendu publiquement, mais l'accès de la salle d'audience peut être interdit à la presse et au public pendant la totalité ou une partie du procès dans l'intérêt de la moralité, de l'ordre public ou de la sécurité nationale dans une société démocratique, lorsque les intérêts des mineurs ou la protection de la vie privée des parties au procès l'exigent, ou dans la mesure jugée strictement nécessaire par le tribunal, lorsque dans des circonstances spéciales la publicité serait de nature à porter atteinte aux intérêts de la justice.* »

Cette disposition fonde un droit très général d'accès à la justice sur lequel la Cour joue un rôle de contrôle.

1. Le champ d'application du droit d'accès à la justice

Le droit d'accéder à un tribunal s'applique aux litiges relatifs à des droits et obligations de caractère civil ou à des accusations en matière pénale. On a pu se poser la question de savoir si les garanties prévues par l'article 6.1 s'appliquent aux procédures administratives ? L'interprétation autonome des matières civile et pénale de la Cour a permis une application extensive de cette disposition à de nombreux contentieux comme les procédures administratives[42].

2. La portée du droit d'accès à la justice

La Cour a précisé dans l'arrêt Golder c. Royaume-Uni du 21 février 1975 que le droit d'accès n'est qu'un aspect du droit à un tribunal ; ce droit doit être effectif et il ne suffit pas que l'accès soit possible[43].

3. Le droit d'accès à la justice n'est pas absolu

La Cour estime que ce droit contient des limitations implicitement admises puisqu'il est lié à la règlementation de l'Etat ; toutefois elles ne doivent pas restreindre le droit dans sa substance (arrêt Golder).

Il semble que la position de la CouEDH diffère à cet égard de celle du Comité des droits de l'homme de l'ONU qui considère que *« le droit d'être jugé par un tribunal indépendant et impartial est un droit absolu qui ne souffre aucune exception »*[44].

Nous allons revenir sur ces limitations plus loin.

Sous l'influence de la CouEDH, l'accès à la justice s'est imposé en Europe non sans moult hésitations dans certains pays comme en France où les juridictions ont fini par reconnaître formellement le principe au milieu des années *"1990"*[45].

---

[42]Dutheil de la Rochère, Jacqueline. « Droit au juge, accès à la justice européenne », Pouvoirs, vol. 96, no. 1, 2001, pp. 123-141.

[43] Arrêt Airey c. Irlande, op. cit. En l'espèce, il s'agit d'une requérante indigente, qui n'avait pas trouvé un avocat pour la défendre. La Cour a constaté qu'il y a eu violation de l'article 6.1 de la Convention.

[44] Antoine Steff, « La protection de l'accès au juge judiciaire par les normes fondamentales », Les Annales de droit : https://doi.org/10.4000/add.561, consulté le 20 février 2020.

[45] Conseil constitutionnel 28 décembre 1995 et 9 avril 1996.

2.2.1.2 Chapitre 2 : la jurisprudence restreinte de la CAfDHP due en partie à son inaccessibilité par les individus

Dans le cadre de ses compétences contentieuses, la Cour développe une jurisprudence qui s'inspire largement des juridictions internationales. De l'avis de certains auteurs[46], l'accès à la justice est très difficile à mettre en œuvre en Afrique du fait notamment de moyens financiers et matériels. Les Etats éprouvent déjà des difficultés à entretenir les juridictions à plus forte raison de garantir l'accès à la justice. Au-delà des Etats, le handicap principal concerne la saisine de la CAfDHP auprès de laquelle, les individus qui sont la cible ne disposent pas d'un droit d'accès direct[47] ; et paradoxalement elle a été créée pour protéger leurs droits. Cela ne constitue pas un gage de succès car comme l'affirme Frans VILJOEN[48], le succès de la Cour africaine dépend de sa politique de traitement des plaintes individuelles. Une telle situation risque de perdurer pour longtemps car le Protocole de Sharm El-Sheikh a maintenu le statu quo sur la question. La disposition du protocole de Ouagadougou relative à l'acceptation préalable de la compétence de la Cour constitue, en elle-même, une restriction du droit d'accès à

[46] Valère EtekaYemet, la Charte africaine des droits de l'homme et des peuples, l'harmattan 1996, p.80.

[47] La recevabilité des recours individuels directs devant la Cour est conditionnée à l'acceptation préalable par l'État défendeur de la compétence de la Cour, conformément aux dispositions des articles 5 (3) et 34 (6) du Protocole de Ouagadougou. Malheureusement on assiste à un mouvement de retrait de reconnaissance de la compétence de la Cour. C'est le cas ces derniers temps du Rwanda, de la Tanzanie, du Bénin, de la Côte d'ivoire.

[48] Frans VILJOEN, rapporté par Mostafa Khamis, La Cour africaine des droits de l'homme : quelles restrictions à l'accès à la justice ? Mémoire, Université de Montréal, janvier 2018, p101.

la justice protégé par la Charte de Banjul ; une interprétation non retenue par la Cour[49].

Les garanties prévues à l'article 7-1 de la CADHP ont surtout fait l'objet d'interprétations sous l'angle du procès équitable[50] et d'assistance judiciaire qui seront examinées infra.

2.2.1.3 Chapitre 3 : la jurisprudence en construction de la Cour de la CEDEAO

C'est le Protocole additionnel A/SP.1/01.05 du 19 janvier 2005, portant amendement du Protocole AP.1/7/91, qui a créé le droit d'accès direct des citoyens des pays membres de la CEDEAO à la Cour, désormais compétente pour se prononcer sur les violations des principes fondamentaux des droits de l'homme. D'où un glissement du champ économique vers le champ de la protection des droits.

Contrairement à la Cour africaine, les particuliers peuvent saisir la Cour de la CEDEAO, sans acceptation préalable de sa compétence par l'Etat défendeur. En l'absence de tout instrument spécifique, la Cour s'appuie notamment sur la Charte africaine dont elle fait une application audacieuse.

Ainsi, en matière d'accès à la justice, elle a eu à se prononcer sur différents contours de ce droit notamment dans les arrêts suivants :

---

[49]Requête no 001/2008. Arrêt sur le fond du 15 Décembre 2009 Affaire Michelot Yogogombaye C. République du Sénégal.

[50] Voir Recueil de jurisprudence de la Cour africaine volume 1 (2006-2016), Recueil de jurisprudence de la Cour africaine volume 2 (2017-2018), Pretoria University Law Press, PULP, 2019.

D'abord, l'interprétation du locus standi dans l'arrêt SERAP c. Nigéria, ECW/CCJ/APP/08 (27 octobre 2009), où, se fondant sur l'actio popularis, elle conclut que : *« le plaignant n'a pas besoin de démontrer qu'il a subi un dommage personnel ou qu'il détient un intérêt devant être protégé pour avoir la qualité pour agir. Le plaignant doit établir qu'un droit général digne d'être protégé a été enfreint selon les allégations et que l'affaire en question est justiciable ».*

Ensuite, dans l'arrêt Société AGRILAND c. l'Etat de Côte d'Ivoire (ECW/CCJ/JUD/07/ 15) où la Cour souligne la responsabilité des Etats dans l'effectivité du droit à un recours effectif devant les juridictions nationales qui : *« implique la possibilité offerte à chaque citoyen de saisir les juridictions nationales pour défendre sa cause ; que cela suppose donc que les Etats doivent prévoir des mécanismes juridictionnels effectifs et efficaces devant lesquels tout citoyen peut défendre sa cause. »*

Enfin, il a été proclamé clairement la primauté du droit d'accès à la justice sur la loi d'amnistie ; la Cour s'est prononcée en ces termes : « *il convient de conclure qu'en ayant donné des mesures d'amnistie une interprétation qui s'est traduite par un véritable déni de justice pour la famille Baré Maïnassara, les organes de l'Etat du Niger ont violé le droit de celle-ci à un recours*[51] ».

2.2.1.4 Chapitre 4 : la jurisprudence à fixer des juridictions du Niger

Il sera question des divergences de position entre la Cour constitutionnelle et la Cour de cassation relativement à la

[51]CE 23 octobre 2015 Affaire N° ECW/CCJ/APP/25/13 ECW/CCJ/JUD/23/15 Ayants droit IBRAHIM MAINASSARA BARE contre République du NIGER.

procédure de mise en état de l'article 579 du Code de procédure pénale.

Rappelons que toute personne, partie a un procès devant toute juridiction, peut soulever l'inconstitutionnalité d'une loi devant toute juridiction, par voie d'exception. Celle-ci doit surseoir à statuer jusqu'à la décision de la Cour constitutionnelle. Au titre de cette attribution, la Cour constitutionnelle a eu à se prononcer sur la conformité de l'article 579 du Code de procédure pénale[52] , aux articles 12 *in fine* et 20 de la Constitution et à certains instruments juridiques internationaux et régionaux de protection des droits de l'homme, qui font partie du bloc de constitutionnalité. L'obligation faite au demandeur au pourvoi non détenu et sous peine de déchéance, de se mettre en état, signifie qu'il doit se constituer prisonnier ou d'obtenir de la juridiction qui l'a condamné une dispense.

Dans le cas d'espèce[53], le requérant reproche à cette disposition de porter atteinte au principe du droit à une procédure juste et équitable, aux droits de la défense ainsi qu'au principe d'égalité devant la loi et devant la justice en se fondant sur les dispositions des articles 7,8,9,10 de la

---

[52]« *Sont déclarés déchus de leur pourvoi, les condamnés à une peine d'emprisonnement d'une durée de plus de six (6) mois qui ne sont pas en état ou qui n'ont pas obtenu, de la juridiction qui a prononcé, dispense, avec ou sans caution, de se mettre en état.*

L'acte de leur écrou ou l'arrêt leur accordant la dispense est produit devant la Cour suprême, au plus tard au moment où l'affaire y est appelée.

Pour que son recours soit recevable, il suffit au demandeur de justifier qu'il s'est constitué dans un établissement pénitentiaire, soit du lieu où siège la Cour suprême, soit du lieu où a été prononcée la condamnation ; le régisseur de cette prison l'y reçoit sur l'ordre du Procureur général près la Cour suprême ou du chef de parquet de la juridiction de jugement »

[53] Arrêt N°02/CC/MC du 21 mars 2018.

DUDH, l'article 14 points 1, 2, 3, 4, 5, 6 et 7 du PIDCP ainsi qu'aux articles 3, 6 et **7** de la Charte africaine.

Remarquons que la plupart des dispositions susvisées dans le mémoire du requérant sont ceux sus-exposés en traitant des instruments internationaux et régionaux sur l'accès à la justice. Dans un argumentaire lapidaire, la Cour a estimé que : *« l'article 579 est conforme à la Constitution, sous réserve que le défaut de la mise en état ne soit pas un obstacle pour la recevabilité du pourvoi. »*

Auparavant, en 2014, la Cour de cassation, dont nous reviendrons sur les attributions, a purement et simplement proposé la suppression de cet article en estimant que : *« l'exercice d'un droit de recours est une conséquence du principe du libre accès à la justice reconnu par les instruments internationaux relatifs aux droits de l'homme notamment la Déclaration universelle des droits de l'homme de 1948 (articles 8, 9, 10, 11) et la Charte africaine des droits de l'homme et des peuples (articles 6 et 7) auxquels le Niger a réaffirmé son attachement à travers le préambule de la Constitution du 25 novembre 2010. »* D'évidence, l'article 579 querellé est l'ancien article 583 du Code de procédure pénale français abrogé suite à un arrêt de la CouEDH du 14 décembre 1999[54]. Faute de décisions régulièrement publiées[55], on ne pourra pas se faire une idée claire de la position jurisprudentielle Nigérienne sur l'accès à la justice.

Au terme de ce survol des principaux contours de l'accès à la justice tant sur le plan théorique que jurisprudentiel,

---

[54]CouEDH Affaire Khalfaoui C. France du 14 décembre 1999. Dans son arrêt, la CouEDH a condamné la procédure judiciaire dite de *"mise en état"*, qui oblige les condamnés à plus de six mois de prison à se constituer prisonniers la veille de leur pourvoi en cassation. La Cour a estimé qu'il s'agissait là d'une *"entrave excessive au droit d'accès à un tribunal, et donc, au droit à un procès équitable"*.

[55] Seuls les arrêts de la Cour constitutionnelle sont systématiquement publiés sur le site www.cour-constitutionnelle-niger.org .

venons-en à présent à la connaissance du phénomène de l'autoreprésentation.

3 Deuxième partie : l'autoreprésentation, composante spécifique de l'accès à la justice

L'autoreprésentation a un fondement légal dont les limitations (titre 1) semblent ne pas avoir d'incidence sur la masse de citoyens concernés (titre 2), qui disposent malgré leur statut de la possibilité de saisir un large éventail de juridictions (titre 3). A l'analyse, les JNR présentent un profil-type ((titre 4).

3.1 Titre 1 : le fondement et les limites de l'autoreprésentation

Il convient d'abord d'exposer la base légale du phénomène (chapitre 1) avant de se rendre compte qu'une catégorie de citoyens font l'objet d'une protection particulière qui les met à l'abri d'agir seuls en justice (chapitre 2).

3.1.1 Chapitre 1 : le fondement juridique de l'autoreprésentation

Historiquement, la présence des parties au procès a été une exigence, les différents protagonistes devaient comparaître physiquement et personnellement ; la maxime *« nul ne plaide par procureur »* en était l'illustration. De nos jours encore, les plaideurs conservent le droit d'agir seuls.
Au Niger, l'autoreprésentation a un fondement légal et trouve son siège dans l'article 4 du Code de procédure civile qui dispose que *: « les parties peuvent se défendre elles-mêmes, sous réserve des cas dans lesquels la représentation est obligatoire [...]»*

Ailleurs en Europe, se fondant sur l'article 6)3c de la Convention, la CouEDH dans l'arrêt *Galstyan* c. Arménie du 15 novembre 2007 a consacré le droit de se défendre seul, donc à l'autoreprésentation.
Ainsi, bien qu'il revienne à l'Etat de tout mettre en œuvre pour assurer l'accès à la justice, un plaideur peut faire le choix de ne pas recourir à un conseil. Dans les faits de la cause, le requérant a renoncé explicitement à son droit à l'assistance d'un avocat, tant avant, que pendant l'audience devant le tribunal. La Cour a estimé que *« les autorités ne sauraient être tenues pour responsables du défaut de représentation juridique de l'intéressé au cours de la procédure administrative dirigée contre lui »*.
Cependant, la possibilité laissée au justiciable solitaire connaît des restrictions dans le droit positif Nigérien.

3.1.2 Chapitre 2 : les limites à l'autoreprésentation

En principe, nul ne peut être privé de son droit de se défendre seul et ainsi accéder à la justice. Cependant, exceptionnellement ce droit peut être soumis à des restrictions d'ordre financier et juridique. Les premières sont inhérentes aux barrières que constituent les restrictions budgétaires et à la non disponibilité de l'accès judiciaire. L'enveloppe budgétaire allouée au secteur reste modeste ; il n'est un secret pour personne que dans la plupart des pays africains, il demeure le parent pauvre des institutions étatiques en termes d'allocations budgétaires[56]. Il en résulte comme corollaire, un maillage du territoire national insuffisant, d'où l'accès à la justice reste

---

[56] Au Niger, les ressources allouées représentent généralement moins de 1 % du budget national (0,78% en 2016).

purement virtuel pour les populations rurales, confrontées en plus à une offre d'assistance judiciaire insuffisante.

Parmi les secondes restrictions[57], nous allons aborder celles touchant essentiellement à la qualité des plaideurs[58], prévues à l'article 18 de la Loi n° 2011-42 du 14 décembre 2011, fixant les règles applicables à l'assistance juridique et judiciaire, qui accorde l'assistance judiciaire, sans preuve d'indigence à certaines personnes tant en matière civile (Section 1) que pénale (Section 2).

3.1.2.1 Section 1 : en matière civile

Les restrictions visent d'abord à assurer une meilleure protection des femmes en cas de rupture du lien conjugal. La société nigérienne se caractérise par un taux élevé de répudiations et de divorces surtout en milieu urbain. Cette situation peut avoir des conséquences désastreuses non seulement pour la femme mais aussi sur l'éducation des enfants. Cela explique pourquoi, dans l'après divorce, le législateur a voulu assurer sa représentation en justice lorsqu'elle sollicite le paiement d'une pension alimentaire ou la garde d'un enfant.

Ensuite, la restriction à l'autoreprésentation concerne la femme qui sollicite la liquidation d'une succession ; dans ce domaine, les pesanteurs culturelles ainsi que les règles

---

[57]Il ne sera pas examiné les barrières que constituent les règles de procédure liées au fonctionnement des juridictions et qui aboutissent à l'irrecevabilité des demandes en justice.

[58]En dehors des mineurs, des femmes et des personnes handicapées dont il sera question, il importe de signaler les personnes atteintes de troubles mentaux, les faillis en demande comme en défense ; l'existence de diverses immunités (parlementaire, organisation internationale) qui protègent contre les actions judiciaires.

coutumières font qu'elle est encore victime de discriminations.

3.1.2.2 Section 2 : en matière pénale

La représentation est garantie dans les cas suivants:

- mineurs, poursuivis pour crime, délit ou contravention ;
- mineurs, victimes devant une juridiction répressive
- personnes handicapées prévenues ou parties civiles incapables de se défendre du fait de leur handicap ;
- personnes accusées comparaissant devant une Cour d'assises ;
- femmes victimes de coups et blessures volontaires et autres crimes et délits volontaires, meurtres et autres crimes capitaux, détournement de mineure, attentats aux mœurs.

Il est aisé de s'en rendre compte que les mineurs, les personnes handicapées et les femmes figurent parmi les couches les plus vulnérables de la société nigérienne, malgré dans certains cas la ratification de conventions les protégeant[59]. Les conditions de vie des personnes handicapées restent très précaires ; réduites pour survivre, à la mendicité dans la rue où la violence et divers abus les guettent. Les mineurs, également sont victimes d'exploitation sous diverses formes (travail, abandons d'enfants, enfants des rues, mariages précoces, violences, exploitation et maltraitance, etc.). D'où la protection spécifique dont ils bénéficient depuis la Loi N°67-15du 18 mars 1967, relative à la défense

---

[59]Le Niger a ratifié notamment la CDE et la Charte africaine pour les droits et le bien-être de l'enfant, mais pas encore la Charte africaine des droits de l'homme et des peuples relative aux droits des personnes handicapées.

des intérêts civils des mineurs devant les juridictions répressives. En effet, l'article 1er de cette loi dispose que : « *devant les juridictions saisies d'infractions portant préjudice à un mineur de 21 ans non émancipé, un conseil doit obligatoirement être désigné pour assurer la défense de ses intérêts civils.* »

La vulnérabilité des femmes se manifeste à travers les violences physiques, psychologiques, économiques et sociales subies. C'est donc sans surprise que la protection sociale de toutes ces personnes vulnérables est théoriquement assurée à travers la garantie du droit à l'accès à la justice, sans toutefois réduire considérablement l'autoreprésentation.

3.2 Titre 2 : l'ampleur du phénomène de l'autoreprésentation

Au Niger, les statistiques montrent la faible fréquentation des services judiciaires. Selon les résultats d'une enquête réalisée en 2015[60], 17,1 % de la population âgée de 18 à 59 ans a eu à faire recours à la justice à un moment quelconque de son existence. Ainsi plus de quatre personnes adultes sur cinq n'ont pas requis les services de la justice de toute leur existence.

Selon les personnes ayant déclaré avoir eu recours à la justice, selon certaines caractéristiques sociodémographiques, un homme sur quatre (25%) a affirmé avoir eu recours à la justice tandis que moins d'une femme sur dix a utilisé les services judiciaires (8%). En plus de la faible fréquentation des services judiciaires, il y a une disparité entre milieu urbain et rural. Par

[60] INS, Rapport de l'analyse de l'étude nationale d'évaluation d'indicateurs socio-économiques et démographiques, volet justice, gouvernance, sécurité, février 2016.

exemple à Niamey, 32% de la population a fait recours à la justice contre 28% pour toutes les autres villes. En milieu rural, les utilisateurs de la justice ne représentent que 14%.

Parmi les personnes qui recourent à la justice, on peut se rendre compte de l'ampleur de l'autoreprésentation en se référant, d'une part, aux résultats de deux enquêtes réalisées auprès du TGI/HC de Niamey et du TI de Kollo, juridiction de proximité par excellence, d'autre part, en exploitant les bulletins des arrêts de la Cour de cassation.

L'enquête effectuée auprès de 89 usagers[61]qui se sont présentés aux audiences du TGI/HC de Niamey en une journée du mois de mai 2018 en donne la parfaite illustration du phénomène. En matière civile, 35 justiciables (demandeurs et défendeurs compris) sont venus sans aucune assistance répondre aux convocations du juge tandis qu'au pénal, le phénomène, encore plus accentué, n'a pas pu être mesuré qu'au niveau des plaignants[62]. En effet, cinq parties civiles (victimes) seulement ont comparu assistées de leurs conseils. Les archives du TI de Kollo, juridiction située à une trentaine de kilomètres de Niamey confortent et accentuent cette tendance. En une semaine du mois d'octobre 2014, sur 10 affaires civiles jugées, aucune partie n'est représentée ; il en est de même au pénal sur 21 dossiers impliquant plusieurs prévenus.

La propension à plaider solitairement est observable jusque devant la Cour suprême (aujourd'hui Cour de cassation). En attestent, les statistiques contenues dans le bulletin de ses principaux arrêts de 1995[63]. Dans la rubrique

---

[61] 48 au pénal et 41 au civil

[62] En effet, les prévenus, le plus souvent placés sous mandat de dépôt, ne sont pas accessibles, puisqu'escortés à l'audience par les agents de l'administration pénitentiaire.

[63]Bulletin des principaux arrêts de la Cour suprême, 1995, p 81 à 163.

« *affaires civiles* », sur 24 arrêts impliquant 48 parties (24 demandeurs et autant de défendeurs), on note :

- trois affaires/24 impliquant des parties toutes non représentées ;
- 10 affaires/24 où une seule des deux parties est représentée ;
- 11 affaires/24 où toutes les deux parties sont représentées.

Le constat qui se dégage est que dans la plupart des cas, les parties représentées sont des sociétés, et pas des moindres ; elles interviennent dans les domaines de l'assurance, des hydrocarbures, des mines, du transport aérien.

La même observation peut être faite en matière pénale[64] où sur les 15 affaires jugées, seules 3 parties sont assistées. Pourtant parmi elles, il y en a qui ne peuvent pas se plaindre de manque de moyens ; on y dénombre : un sous-préfet, un adjoint à sous-préfet, un préfet (actuel gouverneur), un lieutenant de gendarmerie, trois juges. Il y a lieu de s'interroger sur les raisons du non recours par ces couches *"aisées"* aux services d'un avocat. De deux choses l'une : soit, elles n'ont pas pu s'attacher les services de ces précieux auxiliaires de justice, compte tenu de leur faiblesse numérique en cette période, ce qui est peu probable, cette forme de clientèle étant tout de même privilégiée[65] ; soit que celles-ci, comptant et usant de leurs relations personnelles, estiment que les avocats n'auraient rien pu changer à leur sort.

La matière coutumière est encore plus illustrative de l'autoreprésentation devant la Cour de cassation. Sur les 3

[64] Bulletin op. cit, p. 165 à 197.

[65] Dans les années "90", le nombre d'avocats au Niger était insignifiant, et donc leurs honoraires relativement élevés. Les rares avocats, très sollicités, préférant plutôt défendre les affaires civiles des grosses sociétés de la place avec lesquelles ils signent des conventions.

affaires publiées[66], aucune partie n'est représentée. A noter que les actions relatives à ces litiges sont introduites devant les justices de paix, c'est-à-dire en province, avant de parvenir à la Cour. Ces tendances lourdes, plus d'un quart de siècle plus tard, se maintiennent s'agissant des affaires coutumières. Il résulte des statistiques de 2014 de la Cour de cassation[67] que sur 8 affaires publiées :

- seule une partie dans deux affaires est représentée;
- toutes les deux parties dans trois affaires ne sont pas représentées ;
- seule une des deux parties dans trois affaires est représentée ;

A dire que ces chiffres concernent la plus haute juridiction judiciaire devant laquelle, dans certains pays, une représentation non seulement est obligatoire mais aussi assurée par un conseil totalisant un minimum d'expérience professionnelle[68].

Au total, il est permis de dire que devant les juridictions du Niger, la représentation constitue l'exception[69], l'autoreprésentation, la règle.

---

[66] Les principaux arrêts de la Cour suprême, N°28, année 1993, édition 1997, p 181-189.

[67]Principaux arrêts de la Cour de cassation, année 2014.

[68]C'est le cas au Maroc où pour être agréés, les avocats doivent être inscrits sur le tableau de l'ordre au moins 15 ans.

[69]Le phénomène de l'autoreprésentation, loin d'être propre à l'Afrique est une tendance mondiale, quoique d'ampleur moindre et de motivations différentes en occident. Au Québec par exemple, une étude du professeur Pierre Noreau montre l'existence de 10 % de plaideurs solitaires.

Devant cet état de fait, les pays prennent des dispositions pour d'abord rendre l'autoreprésentation possible devant plusieurs juridictions. Ainsi, en France, plaider sa propre affaire est possible devant de nombreuses juridictions(les Prud'hommes, le juge aux affaires familiales, le Tribunal d'instance, le Tribunal de police ou le Tribunal correctionnel, le Tribunal de commerce). Ensuite, les pouvoirs publics semblent même prendre des mesures pour favoriser le phénomène à travers des sites d'information qui proposent des formulaires

Du coup, dans les juridictions de province, le juge "opère " seul[70] et peut persister dans des procédures erronées, qui le demeurent si aucune partie n'exerce de voies de recours. Malgré tous ses méfaits, l'autoreprésentation permet au moins aux justiciables solitaires de saisir une large palette de juridictions avec en première ligne, les juridictions de proximité.

3.3 Titre 3 : la possibilité de saisine d'un large éventail de juridictions

L'accessibilité des juridictions au JNR ne fait point de doute, tant en matière pénale que coutumière (chapitre 1). Dans ce chapitre, notre intérêt ne sera pas porté sur le pénal où sa situation de faiblesse est indéniable. Ce sont les règles applicables aux juridictions statuant coutumièrement qui seront examinées avec comme fil conducteur la question de savoir si le JNR y trouve son "plein épanouissement" dans une telle procédure (chapitre 2).

3.3.1 Chapitre 1 : le large accès des JNR aux juridictions

Toutes les juridictions sont accessibles au JNR, y compris la Cour de cassation, comme nous l'avons vu. L'analyse s'attachera principalement aux juridictions de proximité, que nous appellerons de façon générique « justice de

---

permettant de saisir les juridictions. Quoique le cours de la procédure s'avère plus complexe que la simple saisine.

[70] Certains juges pendant tout leur séjour en province gèrent leurs dossiers sans avocats constitués ; affectés dans une juridiction en ville, une autre vie professionnelle, nécessitant adaptation, débute sous l'"œil regardant" de ces auxiliaires de justice.

paix », une dénomination très expressive disparue hélas du vocabulaire judiciaire. Dès lors que le JNR intente une action, il a plus de chance d'avoir affaire à ces juridictions du quotidien avant de terminer, éventuellement à la Cour de cassation.

Les juridictions du premier degré auxquelles s'ajoute la Cour de cassation ont toutes cette particularité d'appliquer la coutume qui régit le statut personnel de l'ensemble des JNR. On pouvait penser que ces derniers seraient à l'aise dans un procès devant leurs "juridictions naturelles" (section 2) appliquant leurs coutumes et des règles et procédures simplifiées (section 3).Cependant la situation est plus complexe qu'elle n'y paraît. L'application du droit coutumier soulève beaucoup de difficultés qui divisent même les spécialistes.
Avant d'en venir à ces présentations, la carte judiciaire du Niger, en constante adaptation, fera l'objet de développements (section 1).

3.3.1.1 Section 1 : La carte judiciaire du Niger : un élargissement progressif pour rapprocher la justice des justiciables.

La carte judiciaire d'un Etat fait l'objet de constante adaptation, c'est ce que souligne Henry Bonfils qui affirme déjà en 1892 que : *« l'organisation judiciaire d'un État se rattache intimement à la Constitution politique de cet État. Elle subit des transformations correspondantes aux diverses phases de cet État (...) et toute révolution importante, subite ou continue entraîne une mutation immédiate et successive, dans l'organisation judiciaire. »*

La carte judiciaire du Niger prend régulièrement en compte les évolutions politiques, démocratiques, démographiques et administratives du pays. Les jalons du système judiciaire actuel ont été véritablement amorcés par la Loi n°1962-11

du 16 mars 1962, fixant l'organisation et la compétence des juridictions en République du Niger, avec une certaine stabilité jusqu'à l'Ordonnance n°99-16 du 04 juin 1999, qui change la dénomination de certaines juridictions. La refonte significative du système intervient avec la Loi organique n°2004-50, portant organisation, composition, attributions et fonctionnement des juridictions qui attribue le statut de TGI hors classe au Tribunal de Niamey et créé des TGI au niveau de tous les chefs-lieux de région ainsi que dans deux chefs-lieux de département et des TI au niveau des départements[71]. Complétant cette réorganisation, la Loi 2013-29 du 12 juin 2013 a créé 27 TI au niveau des nouveaux départements. La dernière réforme de grande ampleur résulte de la Loi N°2018-37 du 1er juin 2018, fixant l'organisation et la compétence des Juridictions en République du Niger qui a créé une Cour d'appel dans chaque chef-lieu de région et des TC au niveau de chaque commune rurale non encore pourvue. Pour réduire les délais de traitement des dossiers criminels, les Cours d'assises ont été supprimées et remplacées par des chambres criminelles au niveau des Cours d'appel et des TGI[72].
L'augmentation quantitative des juridictions devrait permettre de réduire les distances parcourues par les JNR en quête de justice ainsi que les délais de traitement des dossiers.

---

[71]La réforme consacre aussi la création des tribunaux spécialisés dans certaines matières (travail, commerce, administratif, foncier rural, mineurs et juridiction militaire), l'éclatement de la Cour Suprême, désormais, en quatre juridictions (Cour constitutionnelle, Cour des comptes, Cour de cassation et Conseil d'Etat).
[72]Sur l'aperçu historique sur la justice au Niger, voir ministère de la Justice, Document de politique nationale, Justice et droits humains, disponible sur www.justice.gov.ne consulté le 30 mai 2020.

3.3.1.2 Section 2: les juridictions " naturelles" des JNR

Il s'agit pour l'essentiel des juridictions du premier degré qui comprennent les juridictions de droit commun et les juridictions spécialisées. Notre intérêt sera porté sur les premières composées des TGI, des TI, des TAC, des TC (paragraphe 1) dont les dossiers sont susceptibles de remonter jusqu'à la Cour de cassation (paragraphe 2).

3.3.1.2.1 Paragraphe 1. Bref rappel des attributions des juridictions de droit commun du premier degré

A. Les TGI

Ils sont créés au niveau de tous les chefs-lieux de région ainsi que dans deux chefs-lieux de département. Les TGI sont juges de droit commun en toutes matières à l'exception de celles dont la compétence est dévolue à d'autres juridictions.

- En matière pénale, les TGI connaissent des délits et des contraventions de simple police dans les limites des compétences établies par le Code de procédure pénale ;
- En matière civile, les TGI connaissent de l'ensemble des matières qui ne sont pas de la compétence des juridictions spécialisées.

Le principe de la collégialité, retenu au niveau des TGI, une grande avancée, constitue une garantie du principe d'indépendance du tribunal, car selon Montesquieu, *« le magistrat unique (...) ne peut avoir lieu que dans un gouvernement despotique »*

B. Les TI :

Ils sont créés au niveau de chaque département et connaissent :

- en matière pénale des délits et des contraventions de simple police, pour procéder à l'instruction préparatoire sur tout crime ou délit ;
- en matière civile ou commerciale, à l'égard de toutes personnes et jusqu'à la valeur de cinq millions de francs CFA de toutes les actions purement personnelles ou mobilières. Le même montant cumulé annuellement des locations écrites ou verbales est retenu, à l'égard de toutes personnes, de toutes difficultés entre bailleurs et locataires ;
- en matière coutumière, à l'égard des personnes qui y sont régies, quelle que soit la valeur du litige, de toutes actions concernant les matières prévues à l'article 72, précité.

Toutefois, l'appel des décisions rendues en matière coutumière est porté devant le TGI territorialement compétent.

C. Les TC

Les TC, en cours d'installation, sont prévus au niveau de chaque commune rurale ne disposant pas de TI et connaissent :
- à l'égard des personnes régies par la coutume et quelle que soit la valeur du litige de toutes les actions concernant l'article 72 de la Loi n° 2018-37, précitée.
- à l'égard des mêmes personnes, quelle qu'en soit la valeur, de tous les litiges régis par les usages locaux découlant de la coutume.

Les TC connaissent à l'égard de toutes personnes, des difficultés entre bailleurs et locataires lorsque les locations verbales ou écrites n'excèdent pas un million de francs CFA. En matière civile et commerciale leurs compétences n'excèdent pas ce montant.

D. Les TAC:

Ils sont créés au niveau de chaque arrondissement communal. C'est une réforme spécifique à la ville de Niamey qui a érigé les cinq cabinets des juges chargés des affaires civiles, commerciales et coutumières, sis au niveau des cinq arrondissements communaux en TAC.

Toutefois en matière pénale, leurs compétences excluent certaines infractions[73] mais disposent de la compétence d'appliquer la coutume des parties dans certaines matières[74] prévues à l'article 72 de la Loi n° 2018-37 du 1er juin 2018.

3.3.1.2.2 Paragraphe 2. Bref rappel des attributions de la plus haute juridiction en matière judicaire

La Constitution du 25 novembre 2010 a éclaté la Cour d'Etat en recréant la Cour de cassation en lieu et place de la chambre judiciaire et le Conseil d'Etat à la place de la chambre administrative. Aux termes de l'article 136 de ladite Constitution, la Cour de cassation est la plus haute juridiction de la République en matière judiciaire.

Elle comprend un siège, un parquet général, un secrétariat général et un greffe.

Le siège comprend trois3 chambres :

- la chambre civile et commerciale ;
- la chambre criminelle ;
- la chambre sociale et des affaires coutumières.

---

[73] Notamment la grande délinquance économique et financière (tels que le blanchiment de capitaux, l'enrichissement illicite) , les atteintes à la défense nationale etc. On retrouve surtout les JNR dans les infractions contre les biens (vols, abus de confiance, escroquerie), les coups et blessures, homicides.

[74] Le JNR est issu du monde rural représentant 80 % de la population, et qui vit de l'agriculture et de l'élevage. Régi par la coutume, ses actions tournent essentiellement autour des litiges champêtres et des affaires matrimoniales.

La Cour de cassation statue notamment sur les pourvois formés contre les arrêts et jugements rendus en dernier ressort par les juridictions de l'ordre judiciaire. Il y a ouverture à cassation pour les causes ci-après :

1. violation, fausse interprétation ou fausse application de la loi ou de la coutume ;
2. excès de pouvoir ou incompétence ;
3. violation des formes prescrites par la loi ;
4. défaut, absence ou insuffisance, obscurité ou contrariété des motifs ;
5. omission de statuer.

La Cour se caractérise par une intense activité judiciaire eu égard à ses moyens et ses effectifs. Par exemple, durant l'année judiciaire 2014-2015, elle a pris en charge au total 844affaires ; elle en a jugé 355et 489 affaires restaient en instance à la date du 30 septembre 2015[75].

Particulièrement, le traitement des affaires coutumières de la Cour nous intéresse à travers les activités de la chambre sociale et des affaires coutumières. Au cours de l'année judiciaire 2014-2015, la chambre a enregistré 121 affaires nouvelles, ce qui porte le stock de dossiers pris en charge à 366. Elle a rendu 156 décisions dont 131 arrêts coutumiers. La Cour de cassation demeure très accessible à tous les citoyens.

L'accessibilité des juridictions, ci-dessus, brièvement étudiées peut s'apprécier par rapport aux règles et procédures assez simplifiées, de nature à réconforter le JNR.

---

[75] Cour de cassation, Rapport d'activités, année judiciaire 2014-2015, p.7.

3.3.1.3 *Section 3 : Des règles et des procédures simplifiées a priori en "faveur" du JNR.*

Ces règles ont notamment trait à la saisine, à la représentation, aux audiences foraines, à la conciliation, et à l'exercice des voies de recours. Du fait de leur simplicité, elles profitent à tous les justiciables. Particulièrement, le JNR n'a pas besoin de compétences spécifiques pour les suivre.

3.3.1.3.1 Paragraphe 1. Des règles de saisine (plainte) souples

La saisine en matière civile des juridictions de proximité se caractérise par sa simplicité. Ainsi, le juge de paix[76] peut être saisi, soit par requête écrite et signée du demandeur ou de son mandataire, soit par sa comparution accompagnée d'une déclaration dont procès-verbal est dressé par le juge assisté du greffier.

En matière pénale, la procédure est tout aussi simple et offre deux voies. Il est possible de déposer une plainte en se rendant personnellement à un poste de police ou de gendarmerie et en dénonçant oralement ou par écrit les faits. Les OPJ de ces unités se chargent par la suite de transmettre le procès-verbal au ministère public. L'autre possibilité consiste à se présenter directement au parquet.

Devant la Cour de cassation, le législateur n'a pas rendu le recours au ministère d'un avocat obligatoire auquel une tierce personne peut se substituer.

---

[76] S'entend par TI, TC, TAC

3.3.1.3.2 Paragraphe 2. Les possibilités offertes par le recours à la représentation par une tierce personne

Le JNR, à défaut de pouvoir recourir aux services d'un avocat, a la possibilité de se faire représenter par une tierce personne, faut-il encore que ce droit soit bien compris. La question de la représentation, récurrente devant les TI statuant en matière civile, arrive jusqu'à la Cour de cassation saisie par la voie du pourvoi. Si l'ignorance est généralement commise par les justiciables, relativement aux conditions de son autorisation, rien d'étonnant ; mais le plus surprenant réside dans le fait que certains juges semblent méconnaître le texte applicable. La disposition spéciale sur la représentation découle de l'article 12 de la Loi n° 63-18 du 22 février 1963, fixant les règles de procédure à suivre devant les justices de paix statuant en matière civile et commerciale qui énonce que :

« Les parties comparaissent en personne. Néanmoins, toute partie peut se faire représenter par son conjoint, ses parents ou alliés en ligne directe et jusqu'au troisième degré exclusivement en ligne collatérale, ou par ses cohéritiers.

L'avocat défenseur a également qualité pour représenter ou assister les parties. Le mandataire des parties, s'il n'est pas avocat défenseur, doit justifier d'une procuration écrite et spéciale. »

Afin de se faire représenter, les parties ont l'obligation de désigner un mandataire, soit par une procuration, soit par un conseil de famille. Dans la pratique, les proches des plaideurs initient ou poursuivent des procédures, parfois même au nom de tout un groupe, sans en être mandatés, conformément aux textes. La Cour de cassation et les juridictions d'appel, c'est-à-dire les TGI, rappellent régulièrement aux juges du fond cette exigence minimale selon laquelle un mandataire ne peut représenter sans être muni d'une pièce justifiant de cette qualité[77].

A défaut de pouvoir se faire représenter par un proche muni d'un pouvoir spécial, il arrive que le tribunal se transporte à la rencontre du JNR.

3.3.1.3.3 Paragraphe 3. Les audiences foraines ou la justice au plus près du JNR.

L'audience foraine est une audience qui se tient dans une localité autre que celle où est fixé le siège de la juridiction. Elle constitue une solution pour remédier à l'éloignement dont souffrent certaines localités faisant partie du ressort de la juridiction.

Les TGI, les TI, les TCA et les TC peuvent tous tenir des audiences foraines dans le ressort de leurs juridictions respectives. Au cours de celles-ci, ils statuent dans la plénitude de leur compétence. Les audiences foraines peuvent être tenues y compris en matière pénale, bien que techniquement compliquées à organiser, lorsqu'elles mettent en présence des personnes détenues. En matière civile, les juridictions les tiennent surtout pour l'établissement des actes d'état civil.

Les audiences foraines, qui dispensent les JNR de déplacements sont susceptibles d'aboutir à des conciliations et ainsi faire l'économie d'un procès.

3.3.1.3.4 Paragraphe 4. La conciliation, procédure a priori à la portée du JNR.

L'éventualité d'une transaction ou d'un accord existe tout au long de la procédure. Les parties peuvent se concilier,

---

[77]Voir Cour suprême arrêt N°04-116/C du 29-04-2004 ; dans le même sens Décision TGI de Dosso 28/08/2013.

d'elles-mêmes, même en dehors du prétoire, et faire constater leur accord devant le juge ou à l'initiative du juge. Dans certaines procédures, comme la matière coutumière, le préliminaire de conciliation est obligatoire.
C'est dire la place prépondérante accordée à la conciliation devant les juridictions Nigériennes à travers les différentes législations depuis l'indépendance. Déjà, l'article 4 de La loi N°64-012 du 18 mars 1964 prévoit la possibilité pour tout intéressé de s'adresser aux autorités coutumières, administratives et demander de régler le différend à l'amiable. C'est en cas d'absence ou d'échec de la conciliation qu'il appartient à la partie demanderesse de saisir la justice. A ce niveau également devant le juge de paix, le préliminaire de conciliation est obligatoire sauf en cas d'extrême urgence où le demandeur peut être dispensé.
En cas de conciliation, le procès-verbal constatant la conciliation vaut titre exécutoire. La prestation du serment par une partie équivaut à la conciliation. La loi fait état de serment, sans autres précisions sur sa nature. Dans la pratique, le serment est toujours coranique et les juges ne se privent pas d'y recourir systématiquement faute de preuves écrites, dans les affaires coutumières, notamment les litiges champêtres, pour départager les parties. La forme, les modalités de prestation ainsi que les suites du serment méritent quelques développements. En effet, le serment est avant tout judiciaire, puisqu'il est prévu dans le cadre d'une procédure judiciaire. De ce fait, n'est pas requise sa prestation en référence à une religion, un objet ou une croyance ; tout le contraire des pratiques constatées. Rien n'interdit donc un serment laïc, juste avec la formule *« je le jure »*. Au fond, en matière de statut personnel, il se pose la question du droit applicable entre

coutumes tout court, coutumes islamisées ou charia[78] ? La question divise, nous allons y revenir.
En ce qui concerne, les modalités de la prestation, la maîtrise de la procédure, de bout en bout, échappe aux juridictions[79]. Lorsque les parties se mettent d'accord pour régler le litige par la voie du serment, elles sont référées à l'Association islamique accompagnées d'un assesseur ou du greffier. A ce niveau, les débats sont tout simplement rouverts et les faits réexaminés par les marabouts. Il arrive que ce sur quoi les parties se sont entendues devant le juge soit remis en cause avec l'éviction par la partie adverse du plaideur qui devait initialement jurer.
En dernière analyse, le serment confessionnel, même s'il équivaut à une conciliation, ne garantit pas la clôture définitive des différends.
D'abord, certains plaideurs, malgré le serment, se réservent le droit d'exercer les voies de recours ; le juge ne peut refuser de recevoir leurs appels. Ensuite, il faut dire que la partie qui défère le serment à son adversaire espère, sinon croit dur comme fer, que ce dernier, après la prestation ne survivrait pas. Effectivement, il arrive que des cas de décès, dans la période qui suit le serment, soient relevés et interprétés comme la preuve du mensonge. Question : dans un tel cas et dans le cadre d'un litige portant sur un bien mobilier ou immobilier, à qui revient la propriété ? Les choses sont claires pour le plaideur survivant qui se croit fondé à revendiquer l'objet du litige, mais tel n'est pas la position de la jurisprudence

[78]Voir sur la question Bachir I. Talfi, op. cit

[79] Le serment est rarement prêté dans l'enceinte du palais pour des raisons pratiques et de solennité. Le rituel est obligatoirement et préalablement précédé par les ablutions, et puis les assesseurs coutumiers, pas toujours des marabouts, ne sont pas les mieux indiqués pour superviser la cérémonie.

dominante, qui considère que le bien doit rester acquis aux héritiers du défunt.
Le serment coranique dont la finalité est de clore le litige ne met pas à l'abri de tout recours.

3.3.1.3.5 Paragraphe 5 L'exercice des voies de recours par simple requête.

En matière pénale, le Code de procédure pénale prévoit l'appel des décisions correctionnelles par déclaration faite au greffier de la juridiction qui a rendu la décision attaquée par l'appelant, son fondé de pouvoir ou son avocat. L'appelant est simplement tenu de signer la déclaration.
En matière civile, conformément à l'article 26 de la Loi n° 63-18 du 22 février 1963, précitée, l'appel devant les juridictions de proximité est interjeté dans un délai de deux mois par déclaration au greffe de la juridiction qui a prononcé le jugement par l'appelant qui peut mandater une personne munie d'un pouvoir spécial.
Le pourvoi en cassation n'échappe pas à la souplesse des règles et s'effectue selon des formes et délais qui varient en fonction de la matière.
En matière civile, commerciale et sociale, le pourvoi est déposé au greffe de la juridiction qui a rendu la décision ; il est formé par requête écrite et signée de la partie, un avocat ou un fondé de pouvoir spécial dans un délai d'un mois à compter du jour de la signification de la décision.
En matière coutumière, le pourvoi est formé par requête écrite adressée au greffier en chef de la juridiction ayant rendu la décision attaquée ou par déclaration au greffe de ladite juridiction dans un délai d'un mois à compter de la notification de la décision d'appel, ou du jour où l'opposition n'est plus recevable pour les décisions de défaut. Au pénal, le pourvoi est formé par déclaration au

greffe de la juridiction ayant rendu la décision attaquée ou au greffe de la juridiction de résidence du demandeur en cassation. Le demandeur détenu peut se pourvoir par une lettre remise au régisseur de l'établissement pénitentiaire qui la transmet au greffe de la juridiction de la Cour de Cassation.

Au vu de ce qui précède, les JNR, a priori en nette situation de désavantage dans le procès, arrivent tant bien que mal à suivre les procédures devant les juridictions qui appliquent leurs coutumes. La question qui se pose est de savoir si l'application de ce droit joue effectivement en leur faveur et permet de rétablir un certain équilibre ?

3.3.2 Chapitre 2 : l'application de la coutume compense t'elle le désavantage du JNR dans le procès?

Les JNR de notre enquête, représentatifs de la population nigérienne, sont tous régis par le droit coutumier en matière de statut personnel. A priori, ce droit est tout à leur avantage, contrairement, par exemple, au pénal qu'ils subissent. Dans les faits, il faut nuancer toute absence de barrières entre les JNR et les tribunaux lorsqu'il est fait application de la coutume ; la raison simple réside dans l'insaisissabilité de celle-ci qui désempare doctrinaires, juges et même les plaideurs solitaires.

Il convient de commencer par rappeler le fondement de l'application de la coutume avant de cerner brièvement la notion. Aux termes de l'article 72 de la Loi n° 2018-37 du 1erjuin 2018, fixant l'organisation et la compétence des juridictions en République du Niger : « *Sous réserve du respect des conventions internationales régulièrement ratifiées, des dispositions législatives ou des règles fondamentales concernant l'ordre public ou la liberté des personnes, les juridictions appliquent la coutume des parties :*

1) *dans les affaires concernant leur capacité à contracter et agir en justice, l'état des personnes, la famille, le mariage, le divorce, la filiation, les successions, donations et testaments ;*
2) *dans celles concernant la propriété ou la possession immobilière et les droits qui en découlent, sauf lorsque le litige porte sur un terrain immatriculé ou dont l'acquisition ou le transfert a été constaté par un mode de preuve établi par la loi »*

Le lexique des termes juridiques définit la coutume comme : *« pratique, usage, habitude qui, avec le temps, et grâce au consentement et à l'adhésion populaire, devient une règle de droit, bien qu'elle ne soit pas édictée en forme de commandement par les pouvoirs publics.*
Elle est issue d'un usage général et prolongé (repetitio) et de la croyance en l'existence d'une sanction à l'observation de cet usage (opinio necessitatis). Elle constitue une source de droit, sous réserve de ne pas être contraire à la loi. »
Garisson souligne que la coutume est : *« l'ensemble des habitudes et usages nés de comportements antérieurs répétés qui guident et façonnent les comportements ultérieurs. La tradition, le conformisme deviennent des modèles d'action, normes de conduite. Au contraire de la loi, la coutume exprime un droit spontanément et naturellement issu de la base, un droit pragmatique, populaire, fait de pratiques tenues pour règles. La coutume n'est que la résultante des mœurs d'une société*[80] *»*.

---

[80] Francis Garisson, Histoire du Droit et des Institutions, Paris, Montchrestien, T.1, p. 40, 43, 44 et 45.

Autrement dit, la coutume est un corpus de règles nées de la pratique, de l'usage, qui grâce à l'adhésion populaire devient une règle de droit, bien qu'elle ne soit pas édictée par l'autorité publique. C'est le droit non légiféré. Les juridictions nigériennes appliquent la coutume des parties sous réserve de certaines conditions (section1) dans un certain nombre de cas limitativement déterminés à savoir le statut personnel (section2) et la propriété ou la possession immobilière et les droits qui en découlent(section3).

3.3.2.1 Section 1 : l'application des coutumes sous réserve de certaines conditions

Rappelons qu'au Niger, la coutume a une valeur infra législative ; à ce titre elle ne saurait donc déroger aux dispositions conventionnelles, constitutionnelles, législatives ou les règles fondamentales concernant l'ordre public ou la liberté des personnes. Le juge doit procéder à l'élimination desdites coutumes et faire prévaloir, en toutes circonstances, le principe de la hiérarchie des normes ; ce qui n'est pas toujours le cas. Des coutumes, défavorables à certaines couches sociales, connaissent de fortes résistances. A l'exemple de l'application du principe de l'égalité entre les citoyens (en particulier entre l'homme et la femme) consacré par l'article 8 de la Constitution du 25 novembre 2010. Malgré la disposition, dans la réalité, les femmes continuent à être victimes de discriminations multiples sans que les autorités étatiques et même le juge parviennent à rétablir l'équilibre. L'Etat du Niger a formulé des réserves[81] en ratifiant le 13 août

[81]Au titre de ces réserves, il convient de noter celles qui portent sur la disposition de l'article 2 alinéas f et d de la CEDEF ainsi libellée :
« prendre toutes les mesures appropriées, y compris les dispositions législatives, pour modifier ou abroger toute loi ou toute disposition

1999 la CEDEF, qui limitent sérieusement sa portée sur les droits de la femme.

Cette responsabilité de l'Etat ne doit pas occulter la mission du juge dans l'application des lois, et la réparation des « injustices ».Dans certaines contrées, les règles coutumières ne permettent pas aux femmes d'hériter la terre pour ne citer que ce cas. Au-delà des questions successorales, la forte résistance des juges à l'application de lois protectrices des faibles est à relever. A titre illustratif, de nombreux conflits fonciers naissent suite à la non application des dispositions de la Loi n° 62-07 du 12 mars 1962, portant suppression des privilèges sur les terrains de chefferie par certaines familles de chefferie, qui continuent à prétendre faire valoir leurs droits sur des terrains occupés par des paysans qu'elles considèrent comme de simples détenteurs à titre précaire. Ces derniers peuvent être déguerpis à tout moment, au bon vouloir des chefs traditionnels. Et les recours intentés par les plaideurs n'ont pas de chance d'aboutir à cause de la résistance des juges.
Comme on le constate aisément, les coutumes dérogent très souvent aux dispositions conventionnelles, constitutionnelles ou législatives, et il arrive que le JNR ne se voie pas appliquer son droit naturel.

3.3.2.2 Section 2 : les affaires relevant du statut personnel

Le statut personnel est un statut civil qui concerne la capacité à contracter et agir en justice, l'état des

---

règlementaire, coutume ou pratique qui constitue une discrimination à l'égard des femmes. »
Les autres réserves portent sur les dispositions du paragraphe a) de l'article 5 en ce qui concerne la modification des schémas et modèles de comportement socioculturels de l'homme et de la femme.

personnes, la famille, le mariage, le divorce, la filiation, les successions, les donations et les testaments. Régi par la coutume, aisément invocable par le JNR, mais dans son application des difficultés, principalement deux, peuvent se poser. La première réside dans son application dans l'espace. Si elle s'impose aux membres d'une société, qu'en est-il de son application à ceux qui viennent s'y installer? Est ainsi posé le principe de la territorialité de l'application de la coutume. Au Niger, la coutume est propre à des groupes sociolinguistiques, à ce titre lorsqu'un "non autochtone" s'installe au sein d'une communauté, il continue en principe à être régi par sa coutume d'origine et non la coutume de son lieu de résidence. Exceptionnellement, il peut se voir appliquer la coutume du défendeur, la loi ou les usages locaux lorsque la coutume est obscure ou silencieuse. Que recouvre au juste la notion d'usages locaux, diffère-t-elle de la coutume? Elle n'a pas fait l'objet de définition par le législateur ; mais d'évidence, pour devenir coutumes et donc obligatoires, les usages doivent être suffisamment constants et réguliers dans un milieu.

Ainsi, dans son procès où le JNR espère recevoir application de sa coutume, d'autres règles sont susceptibles de se substituer à elle, lui rendant la procédure plus compliquée qu'il ne l'imaginait.

Pourquoi l'application de la coutume ne serait pas territoriale ? C'est-à-dire que celui qui vit sur un terroir soit régi par la coutume de ce lieu. On vient de voir que, selon les cas, un plaideur peut se voir appliquer, selon les cas, la coutume du défendeur, des usages locaux ou la loi.

Des arguments plaident en faveur de l'application territoriale, en ce sens que la preuve de la coutume pourrait être plus facilement rapportée avec justesse, les parties résidant sur place ; ceci constituerait une étape vers l'abandon de certaines coutumes, surtout celles déviantes[82].

Le principe de la territorialité transcende l'ethnie et favorise la cohésion sociale ; on s'en rend compte de nos jours avec l'émergence de coutumes qui s'identifient plutôt à des zones géographiques. Abdourahaman Chaibou[83] note la forte émergence de coutumes citadines qui n'ont aucun lien avec le groupe ethnique ; *"un changement amorcé qui tend vers l'adaptation de la norme coutumière aux réalités actuelles"* fait-il observer. L'application du droit coutumier doit dépasser le cadre de l'unité culturelle, si elle existe encore.

Prenons, l'exemple de deux citadins vivant à Niamey, de groupes ethniques différents, ces derniers feront sans doute valoir en justice des coutumes en cours à Niamey et non les us de leurs ethnies. Si la loi pouvait s'appliquer à un individu d'une coutume donnée, sans avoir renoncé à celle-ci, elle peut lui être appliquée en première intention, du moins dans certains cas. Ceci pour envisager la sortie de l'immobilisme.

Dans le paragraphe suivant, nous allons voir comment la prescription que l'on disait inconnue dans la coutume a été adoptée et s'est bien adaptée à la matière. Partant de cet exemple, il est bien possible d'empiéter progressivement sur le champ d'application du droit coutumier à travers des règles écrites.

---

[82] Par exemple, face aux dépenses faramineuses effectuées lors de certains évènements sociaux (mariage, baptême, décès), les autorités semblent déterminées à y mettre fin. Un comité technique a été créé pour proposer des solutions en adéquation avec le pouvoir d'achat et les revenus des ménages. Les propositions seront soumises à un forum national prévu à cet effet.

[83]Abdourahaman Chaibou, La jurisprudence nigérienne en droit de la famille et l'émergence de la notion de coutume urbaine, jafbase.fr consulté le 23 juillet 2020.

Les imbrications entre le statut personnel et la charia ne font pas de doute, d'où le législateur hésite à bousculer ce pan du droit coutumier dont la dénomination exacte apparaît incertaine. Les auteurs se partagent entre coutumes sociolinguistiques, coutumes islamisées et charia[84]. Des matières sus énumérées, les plus sensibles ont trait aux successions, donations et testaments qui sont, disons-le, globalement régies par la charia, en dehors de quelques cas particuliers où la loi islamique semble écartée. En effet, s'agissant de l'accès de la femme à la terre, déjà abordé, dans certaines régions elle n'est pas successible[85]. En dehors de ces cas ultrasensibles, pour les autres matières, une codification, ne serait-ce que, par petites doses relève du possible avec la volonté politique. Comme lorsque le juge statue sur le remboursement du montant de la dot, la référence est systématiquement faite à la somme de 50.000f CFA. En cas de restitution mise à la charge de la femme, elle est condamnée à rembourser ce montant, pas plus, celui remis aux marabouts devant témoins pour « attacher » le mariage. Le fondement de cette coutume réside dans un discours de l'ancien chef de l'Etat, le Général Seyni Kountché, qui a exprimé le vœu que la dot n'excédât pas ce plafond. Dans un quartier de Niamey, à savoir, Goudel, le montant de la dot est bien règlementé par les autorités coutumières locales, et les habitants s'y conforment. Autant dire que des règles écrites peuvent facilement combler ce genre de vide comme en matière de garde d'enfant. En effet, depuis la Loi N°2018-37 du 1er juin 2018, en cas de divorce, le juge

---

84 Voir Talfi, op.cit

85 L'explication est que lorsque la femme, appelée à contracter mariage dans une autre famille, hérite, le lopin de terre sort du patrimoine familial. Fort heureusement, une source proche de la chancellerie nous apprend qu'une décision récente, dont nous n'avons pas pu encore trouver la référence, vient de consacrer le droit de la femme à hériter la terre.

est tenu, sauf accord entre les parties, homologué par lui, de se prononcer notamment sur la garde des enfants, la pension alimentaire. Avant cette loi, de façon classique et systématique la garde de l'enfant de moins de 7 ans revenait à sa mère et à partir de cet âge à son père.

Les sociétés où la religion est vivace sont les plus conservatrices[86]rapporte Henri Lévy Bruhl. Pourtant, les populations semblent s'accommoder, malgré la prégnance de l'islam, de ces nouvelles règles qui grignotent de plus en plus le champ de la coutume.

Le besoin d'avoir des normes de référence existe, c'est à défaut que les populations sont prêtes à se conformer à des discours politiques ou des règles non écrites édictées par les autorités coutumières[87].Au vrai, la plupart des règles coutumières ne diffèrent pas fondamentalement d'une région à une autre, et la loi dégagerait le dénominateur commun à opposer progressivement aux populations.

La seconde difficulté de l'application de la règle coutumière réside dans la détermination de son contenu. Qui la connaît avec exactitude, qui peut la rapporter dans tous les cas? Certainement pas les parties, le juge et même les assesseurs. Généralement, les plaideurs se contentent de narrer les faits et n'invoquent pas de coutume précise. Le juge non plus ne la connaît pas - il peut ne même pas comprendre la langue du justiciable- raison pour laquelle il se fait assister par des assesseurs qui eux-mêmes, en réalité, ne disposent pas de connaissances particulières, en dehors du fait qu'ils vivent avec les populations. De ces derniers, le Décret N°62-221 MJ du 25 août 1962, portant

---

[86] Henri Lévy Bruhl, Introduction à l'étude du droit coutumier, revue internationale de droit comparé, année 1956, pp.67-77.

[87]Une certaine possibilité d'uniformisation graduelle des coutumes existe, par exemple : la détermination du montant de la dot, de la partie remboursable et même des causes du divorce. Un premier pas vers le code de la famille ?

application des articles 5 alinéa 3, 36 et 51 de la Loi N°62-11 du 16 mars 1962 déterminant l'organisation judiciaire dans la République du Niger, qui régit leur statut, aucune compétence n'est exigée d'eux. En dehors de la jouissance de leurs droits civils et politiques[88], n'importe quel citoyen de bonne moralité est susceptible d'être nommé assesseur coutumier. En conséquence, peu d'éclairages enrichissants de leur part qui puissent contribuer à la manifestation de la vérité. En tout état de cause, l'influence du juge sur eux est réelle[89]. Dans certains cas, le recours obligatoire aux assesseurs n'est même pas nécessaire lorsque le pourvoi en cassation porte sur des questions de procédure et non l'application de la coutume[90], pourtant ils continuent à siéger.
Loin de rassurer les JNR plaideurs, l'application de leurs coutumes ne leur confère pas la maîtrise de la procédure, tant les règles applicables ne se caractérisent pas toujours par leur clarté. Heureusement que dans le domaine foncier l'introduction de la prescription est venue apporter un peu de sécurité juridique.

3.3.2.3 Section3 : les affaires relevant du foncier rural

Il concerne la propriété ou la possession immobilière et les droits qui en découlent, sauf lorsque le litige porte sur un

---

[88] Mais, il arrive que dans certaines localités, ce sont carrément les cadis qui officient devant les cours des chefs traditionnels qui y sont désignés.

[89] Il est clair que la décision revient au juge, et les assesseurs n'ont que voix consultative. La probabilité que ces derniers contrarient le juge est nulle. Se pose la question de leur véritable contribution dans la connaissance des coutumes.

[90] La Cour de cassation rappelle régulièrement dans ses rapports l'inutilité de la présence des assesseurs lorsqu'elle statue sur des questions juridiques.

terrain immatriculé ou dont l'acquisition ou le transfert a été constaté par un mode de preuve établi par la loi.
Pendant longtemps, il était unanimement admis que la matière coutumière ne connaissait pas la prescription acquisitive. Ainsi, des litiges inextricables datant de plusieurs dizaines d'années, sans témoins, étaient soumis aux juridictions qui rendaient les décisions se fondant le plus souvent sur le serment coranique. Il a fallu la Loi N°2004-50 du 22 juillet 2004, fixant l'organisation et la compétence des juridictions en République du Niger, pour la fixer à 30 années d'exploitation continue et régulière, sans contestation sérieuse ni paiement d'une dîme locative. La disposition a eu des impacts bénéfiques en faisant substantiellement baisser le nombre de litiges champêtres; mais c'était sans compter avec les justiciables qui adaptent leurs arguments aux nouvelles règles[91].
Reprise dans la Loi N°2018-37 du 1er juin 2018, précitée, la prescription trentenaire pouvait encore, pourquoi pas, descendre en dessous de cette durée.
En définitive, deux enseignements sont à tirer. D'une part, le JNR ne tire aucun avantage significatif de l'application des coutumes par les juridictions. D'autre part, les réformes qui interviennent dans le domaine, lorsqu'elles ne contredisent pas les règles islamisées, ont des chances de recevoir l'adhésion des populations[92].Un peu d'audace vaincrait le conservatisme ambiant, en attendant de s'attaquer progressivement aux causes objectives qui sous-tendent l'autoreprésentation.

---

[91] En demande, ils invoquent une exploitation de moins de 30 années, et en défense au-delà de cette durée. Afin d'assurer la sécurisation des ressources foncières, les commissions foncières sont chargées de délivrer aux ruraux des actes reconnaissant la propriété coutumière ou des contrats formalisant des prêts, locations ou mises en gage coutumier.

[92] Nous reconnaissons que le domaine des successions, des donations s'avère très sensible.

3.4 Titre 4 : Les raisons qui sous-tendent l'autoreprésentation

Le recours à l'autoreprésentation par l'écrasante majorité des populations trouve principalement son explication dans leur statut social, qui les fait agir seules par contrainte devant les juridictions. Les répondants à notre enquête ont massivement affirmé leur situation socio-économique comme la raison principale du non recours à un ministère d'avocat. Ils sont, d'une part, démunis, (90%)[93], et d'autre part, d'un niveau d'instruction nul ou élémentaire (95%). L'autoreprésentation n'est pas un choix. Pour tous les répondants, s'ils avaient pu, ils auraient évité cette situation de plaideurs solitaires, surtout en matière pénale où la présence du Procureur de la République est très redoutée (chapitre 1). L'état des JNR les conduits à ignorer l'existence des services chargés de l'AJJ, qui même saisis, éprouvent des difficultés à satisfaire la totalité des sollicitations (chapitre 2).

3.4.1 Chapitre 1 : la faiblesse de l'indice du développement humain des JNR

L'IDH est un indice composé, regroupant trois dimensions fondamentales du développement humain, à savoir l'espérance de vie à la naissance, le revenu brut par habitant, la durée moyenne de scolarisation et la durée attendue de scolarisation. Notre attention sera portée sur

[93]Le manque de moyens est invoqué aussi dans les pays développés à côté d'autres raisons spécifiques. Par exemple, la suffisance qui pousse des citoyens à considérer qu'ils peuvent et sont mieux placés pour défendre leurs propres affaires ; les préjugés vis-à-vis des avocats ; la quérulence définie par le lexique des termes juridiques comme le *« comportement morbide d'une personne qui, se sentant lésée, multiplie indûment les procédures judiciaires. »*

celles ayant un lien avec notre thème que sont le niveau de vie (section1) ainsi que le niveau d'éducation (section 2).

3.4.1.1 Section1 : le faible niveau de vie des JNR

Les JNR de notre enquête se déclarent tous cultivateurs, éleveurs ou exercent des petits métiers (artisans, chauffeurs etc). Les revenus de ces catégories sociales tournent autour du SMIG, on peut donc les classer parmi les pauvres.

Selon l'approche dominante, la pauvreté résulte d'une insuffisance de ressources monétaires. Utilisée par la Banque mondiale, la pauvreté est définie par le pouvoir d'achat que procure une certaine somme en dollars durant une année donnée. Au Niger, les données sociales témoignent de la grande pauvreté qui affecte la majorité de la population aussi bien en zone rurale qu'urbaine. Le niveau d'extrême pauvreté est de l'ordre de 41,5 % en 2019, touchant plus de neuf millions de personnes[94]. L'ampleur de la situation de pauvreté se retrouve surtout dans les zones rurales très touchées par le phénomène du chômage et de l'inactivité, en dehors de la saison des pluies.

Le lien entre la pauvreté et le recours aux services de la justice est bien établi. Plus le niveau de pauvreté est élevé, plus le contact avec les tribunaux est faible[95]. Les frais de transport et de séjour dans la localité où siège la juridiction

---

[94]www.banquemondiale.org › country › niger › overview, consulté le 30 juin 2020.

[95]Carolyn Logan, l'ambition des ODD confrontée à la réalité : la justice demeure inaccessible à beaucoup d'africains, synthèse de politique n°39, Afrobaromètre, mars 2017, p.17. Le rapport explique que les citoyens vivant des niveaux modérés de pauvreté sont à peu près deux fois (ou plus) plus susceptibles d'avoir affaire au système judiciaire que ceux qui ont un niveau zéro de pauvreté vécue.

occasionnent d'énormes dépenses. La dimension géographique de l'accès à la justice est certaine dans un pays d'une superficie de 1.267.000 km^2. Les distances sont longues, certaines zones rurales enclavées sont peu ou pas desservies par les transports en commun. Les déplacements sont obligatoires vers les centres urbains pour certains actes (certificats de nationalité, casiers judiciaires) de la compétence exclusive des TGI. Souvent, le JNR les effectue avec ses témoins dont la prise en charge lui incombe entièrement.

3.4.1.2 Section 2 : le faible niveau d'instruction des JNR

L'éducation est un atout majeur pour le développement de tout pays. Nelson Mandela nous enseigne que c'est *« l'arme la plus puissante pour changer le monde »*. Sans éducation, l'Etat de droit serait une formule creuse.
Au Niger, la faiblesse de l'indicateur de l'éducation tire et maintient le pays dans les profondeurs du classement de l'IDH. Le pays enregistre l'un des taux d'alphabétisation les plus faibles au monde en 2009[96], ce qui affecte négativement le niveau de son IDH. L'offre éducative et la qualité de l'enseignement demeurent faibles ; en plus du déséquilibre fondé sur le genre à tous les paliers d'enseignement. Il existe une corrélation entre le niveau d'éducation et l'accessibilité à la justice, rendue dans la langue officielle, le français, suivant des procédures complexes qui rompent d'avec la simplicité de la justice devant la cour du chef coutumier.

---

[96]Ministère du Plan et de l'aménagement du territoire et du développement communautaire, Plan de Développement économique et social (PDES) 2012-2015.

La connaissance du milieu judiciaire (connaissance de la juridiction la plus proche, des acteurs, des concepts judiciaires) est proportionnelle au niveau d'instruction. Il ressort de l'enquête du ministère de la Justice[97]que 48,5% des personnes enquêtées ne connaissent pas le service de justice le plus proche. La proportion des personnes enquêtées qui connaissent les rôles et attributions des juges est de 93,1% chez les personnes ayant un niveau d'instruction supérieur alors qu'elle n'est que de 13% chez les personnes à niveau d'instruction préscolaire. L'organisation judiciaire est encore mal connue. La proportion des personnes qui la connaissent est d'environ 44% chez les personnes ayant atteint le niveau d'instruction supérieur tandis qu'elle n'est que de 15% chez les personnes non instruites.
Le niveau d'éducation des JNR interrogés est encore plus faible, 95% d'entre eux ont un niveau préscolaire ou élémentaire. Cette proportion est plus élevée chez les femmes (59%) que chez les hommes (38%).
Comme la pauvreté, l'analphabétisme se décline aussi plus au féminin[98], paradoxalement, les JNR se recrutent plus parmi les hommes ; cette situation s'explique aisément par le fait que le contact des femmes rurales avec les tribunaux est très faible.
L'analphabétisme et la pauvreté sont des fardeaux pour la grande majorité de la population et expliquent la sous consommation du service public de la justice par les JNR. Leurs rares contacts avec les juridictions occasionnent le

---

[97]INS et ministère de la Justice, Rapport final de l'enquête nationale sur la corruption en milieu judiciaire et les autres phénomènes sociaux, mai 2018

[98]Les disparités sur l'égalité entre la femme et l'homme dans le champ de l'accès à la justice, au-delà du Niger, est une préoccupation universelle. D'où l'apparition du concept de *« justice de genre »*avec l'objectif de s'attaquer à ces écarts afin de les réduire.

bradage des maigres biens de leurs patrimoines : animaux domestiques, lopins de terre[99]. D'où, ils préfèrent prioritairement se consacrer aux questions de survie plutôt que de se lancer dans des aventures judiciaires presque sans issue, et qui ne risquent pas de changer de toute façon leur perception du procès.

3.4.1.3 Section 3 : la mauvaise perception de la justice

Parler de la perception de la justice de nos jours, suppose préalablement la placer dans le contexte de son avènement en remontant à la période d'avant et pendant la colonisation. Avant la colonisation, la justice était rendue par les chefs traditionnels avec des pôles décentralisés. Chaque groupe du corps social détenait dans son domaine d'activités un pan du pouvoir de juger[100]. Seules les affaires les plus graves étaient portées à la connaissance du chef de canton ou du sultan. Sous la colonisation, deux systèmes juridiquement distincts avaient cours : les juridictions indigènes et les juridictions de "droit français" ou de "droit commun[101]". Le code, applicable aux populations indigènes, était une législation qui permettait aux administrateurs des colonies d'appliquer diverses peines (amendes, emprisonnement), avec célérité et sans forme de procédure. Quatre types de juridictions rendaient

[99] Lorsque le rapport bénéfices/pertes est fait, la balance penche largement en défaveur des premiers. En dépit de cette situation, les JNR qui portent la justice dans leur cœur en font une question d'honneur. Ne dit-on pas que le paysan préfère dormir le ventre creux que de subir l'injustice.

[100] C'est ainsi par exemple, que les bouchers et les éleveurs disposent de leurs propres responsables désignés par le chef au sommet pour régler les litiges du quotidien survenant entre leurs membres, à charge pour eux de lui rendre compte..

[101] Maryse Raynal, Les institutions judiciaires du Niger, ministère français de la Coopération et du développement, décembre 1990.

la justice indigène, suite au Décret du 22 mars1924[102], présidées par le commandant de cercle ou son suppléant et qui ignoraient tout des coutumes autochtones. Au cours de cette période, une méfiance viscérale s'était installée entre les indigènes et l'administration coloniale. A l'indépendance, on assista à un placage des institutions coloniales, aux antipodes des réalités sociales, aux structures de l'Etat nouvellement indépendant. La crise de confiance s'était transposée et installée durablement entre l'administration et les justiciables, et le moins que l'on puisse dire, les différentes réformes ne parvinrent pas à la résorber totalement. L'institution judiciaire se caractérise toujours par sa culture d'autorité, tout l'inverse d'un service public. Dans le milieu, le bon juge se caractérise par son autoritarisme, celui-là que le justiciable n'ose pas approcher et qui prononce dans ses décisions des peines maximales. Ces griefs faits à la justice entretiennent la perception négative des citoyens et l'image de son inaccessibilité.

De nos jours, les difficultés rencontrées en Afrique de l'Ouest en général, et au Niger, en particulier, s'appellent notamment encore : assistance judiciaire non effective ou indisponible, faiblesse de la capacité d'écoute des juges, coûts onéreux et longueur et complexité des procédures[103]. L'image du service public de la justice reflète au sein de l'opinion une image peu reluisante à cause notamment de l'existence de la corruption, idée largement partagée aussi bien par la doctrine nigérienne (Tidjani Mahaman ALOU, 2001), (Djibril ABARCHI, 2003), la société civile œuvrant dans ce domaine (Transparency International et

---

[102] Les tribunaux de premier degré, les tribunaux de second degré, les tribunaux coloniaux et les chambres d'homologation.
Voir André Salifou, Histoire du Niger, Nathan, 2010, p.197 et s.

[103]Afrobaromètre 2017, op cit p.2

ANLC, 2006)et l'institut en charge des statistiques (INS et ministère de la Justice, 2018).

Les barrières sociales qui séparent le justiciable de sa justice, ajoutées à celles économiques font hésiter plus d'un à y aller. Le juge Keba BAYE ne disait-il pas que : « *la fierté du paysan sénégalais est de pouvoir dire : je n'ai jamais mis les pieds dans un tribunal ou un commissariat de police*[104]*.* » Ce constat semble très valable pour le Niger où 4 citoyens sur 5 n'ont jamais fréquenté la justice, et que parmi ceux qui y vont les personnes indigentes estiment être l'objet de discrimination à cause de leur état[105].N'avoir pas franchi les murs de la justice est donc un motif d'orgueil, une preuve irréfutable de bonne moralité. Inversement avoir affaire à l'institution est mal vu dans la société, même pour la bonne cause, par exemple demander la réparation d'un préjudice[106]. Le choix de l'enfermement [107]est clair sauf si le recours à la justice reste incontournable, dans cette optique les JNR disposent de la possibilité de solliciter l'assistance judiciaire.

3.4.2 Chapitre 2 : l'effectivité limitée de l'assistance judiciaire

L'idée de faciliter l'accès des indigents aux tribunaux ne date pas d'aujourd'hui. A Athènes, 10 avocats étaient

---

[104]KEBA MBAYE, *Le droit en déroute, liberté et ordre social*, Neuchâtel, éditions de la Banonnière, 1969, p.38.

[105] INS, Etude nationale d'évaluation d'indicateurs socio-économiques et démographiques (ENISED), op.cit p.11

[106]Jusqu'à une époque récente, les compagnies d'assurance n'avaient pas risqué grand-chose du fait de cet état d'esprit. Rares étaient les ayants droit qui formulaient des demandes en indemnisation en cas de perte d'un proche.

[107]Une étude sur les besoins en justice non portés en justice serait d'un grand intérêt.

chargés de la défense en justice des intérêts des pauvres ; à Rome des dispositions similaires existaient. Plus tard des lois intervinrent en France à cette même fin[108]. Des instruments juridiques internationaux et des déclarations ont très vite saisi la question mais beaucoup plus sous l'angle de la justice pénale. Ainsi, par Résolution furent adoptés, le 20 décembre 2012, par l'Assemblée générale des Nations unies, les Principes et lignes directrices des NU sur l'accès à l'assistance juridique dans le système de la justice pénale ; on note également la Déclaration de Lilongwe sur l'accès à l'assistance juridique dans le système pénal en Afrique, la Déclaration de Bamako[109]. Cet acte et ces déclarations sont soutenus par une abondante jurisprudence dont celle de la Cour africaine qui rappelle lorsque l'occasion se présente que :*« l'assistance judiciaire gratuite est un droit inhérent au procès équitable et estime que, lorsque l'intérêt de la justice l'exige, toute personne accusée d'une infraction pénale doit être informée de son droit à une assistance judiciaire ou de se voir attribuer d'office un conseil si elle est indigente ou si l'infraction est grave et la peine prévue par la loi est sévère*[110]*. »* Elle précise dans l'arrêt Wilfred Onyango Nganyi et 9 autres du 18 mars 2016, la responsabilité de l'Etat dans l'organisation effective d'une

---

108 Voir ÉMILE YVERNÈS, L'assistance judiciaire (1851-1891) Journal de la société statistique de Paris, tome 36 (1895), p. 220-225.

109 La Déclaration de Lilongwe adoptée par la Conférence sur l'assistance judiciaire dans le système pénal en Afrique de 2004 prévoit notamment le rôle des avocats, des non avocats et des autres acteurs de l'aide juridique en Afrique ; la Déclaration de Bamako adoptée le 3 novembre 2000 par les ministres et chefs de délégation des États et gouvernements des pays ayant le français en partage lors du « Symposium international sur le bilan des pratiques de la démocratie, des droits et des libertés dans l'espace francophone ».

110 Paulo C. Tanzanie, Recueil de jurisprudence de la Cour africaine Volume 2 (2017-2018), op. cit , p.461

procédure d'assistance judiciaire pour les plus indigents des requérants.

Au Niger, toutes les études réalisées dans le cadre du fonctionnement de la justice relèvent le caractère non équitable et non universel de l'accès à la justice. La solution retenue a consisté à mettre en place l'assistance juridique et judiciaire et créer un établissement public à caractère administratif dénommé Agence Nationale de l'Assistance Juridique et Judiciaire (ANAJJ). Le passage en revue de ses missions et organisation (section 1), des formes d'assistance apportées (section2), du champ d'application (section3), des réalisations (section 4) ainsi que des autres acteurs intervenant dans son fonctionnement (section 5) aidera à mieux appréhender cette institution. Signalons que dans la terminologie des instruments internationaux intervenant en matière pénale, l'assistance juridique englobe à la fois l'assistance juridique et l'assistance judiciaire.

3.4.2.1 Section 1 : les missions et l'organisation de l'ANAJJ

La mission de l'Agence, telle qu'elle ressort de la Loi N°2011- 42, précitée, et du Décret n° 2012- 543/PRN/MJ du 13 décembre 2012, qui fixe ses statuts est de rendre disponible l'assistance juridique à tout demandeur et l'assistance judiciaire au profit de certaines catégories de personnes précisées par la loi. En d'autres termes, sa mission essentielle est d'améliorer l'accès au droit (assistance juridique) et l'accès à la justice (assistance judiciaire).

Pour accomplir cette mission, cet établissement public est doté d'un organe délibérant (le Conseil d'administration) et d'un organe exécutif (la Direction générale) lequel coordonne les activités des 10 bureaux locaux d'assistance juridique et judiciaire. Ces bureaux sont mis en place au sein des 10 TGI que compte le pays. A ce niveau, il y a lieu de craindre que cette centralisation désavantage les demandeurs éloignés de ces juridictions, seules à même de fournir les prestations. En effet, par exemple, pour un requérant qui réside dans le ressort d'un TI qui a son affaire en ces lieux, s'il devait se déplacer jusqu'au siège du TGI pour introduire sa demande, l'assistance, même accordée, n'atteindrait pas tous ses objectifs consistant à soulager les démunis. La décentralisation des bureaux jusqu'au niveau des TI faciliterait davantage l'exercice effectif de l'action en justice sous toutes ses formes.

3.4.2.2 Section 2 : les formes d'assistance

LANAJJ gère le dispositif d'assistance juridique (paragraphe 1) et judiciaire (paragraphe 2) au profit de certaines catégories personnes, notamment les plus vulnérables. La loi fait donc la distinction entre les deux formes d'assistance.

3.4.2.2.1 Paragraphe 1 : l'assistance juridique afin d'améliorer la compréhension du droit

Aux termes de l'article 3 de la Loi N°2011- 42, précitée : *« l'assistance juridique consiste en un ensemble de prestations destinées à améliorer la compréhension du droit, de la justice et de ses institutions, à prévenir les conflits et à favoriser le règlement des différends.*

Elle comporte :

- *la sensibilisation de personnes ou d'un groupe de personnes sur le droit et la justice ;*
- *l'information générale des personnes sur leurs droits et obligations, ainsi que leur orientation vers les*

instances ou organismes chargés de la mise en œuvre de ces droits ;

- *la consultation juridique ;*
- *l'assistance à la rédaction d'actes juridiques ;*
- *l'accomplissement de toutes démarches en vue de l'exercice d'un droit* ».

L'assistance juridique, totalement gratuite, est accessible à tous, sans distinction de nationalité, de sexe, d'âge ou de toute autre considération, cela même en dehors de toute procédure judiciaire ou administrative. Cette forme d'assistance, en amont, s'avère importante afin qu'il ait moins de JNR. En effet, mieux les citoyens auront une meilleure compréhension du droit, de la justice et ses institutions, mieux ils sauront prévenir les conflits. Et si malgré tout, les conflits surviennent, ils seront mieux outillés dans le cadre de leur règlement.

3.4.2.2.2 Paragraphe 2. L'assistance judiciaire aux personnes vulnérables

L'article 11 de la Loi N°2011- 42, précitée, définit l'assistance judiciaire comme un : « *ensemble de prestations apportées au cours d'une procédure judiciaire, au profit de certaines catégories de personnes vulnérables et de celles qui ne disposent pas de revenus nécessaires pour faire face aux frais d'un procès.*

Elle comporte :

- *l'assistance dans le cadre d'un procès, y compris la défense ;*
- *la prise en charge des frais afférents à la procédure.* »

En d'autres termes, il s'agit d'un système qui permet à certaines personnes dont les ressources sont insuffisantes de faire valoir leurs droits en justice en ne payant pas les frais de la procédure. L'assistance judiciaire a un champ d'application bien déterminé.

3.4.2.3 *Section 3 : le champ d'application*

Aux termes de l'article 12 de la Loi N°2011- 42, précitée : *« l'assistance judiciaire s'étend aux différents stades de la procédure.*

Elle est applicable :

- *à tous les actes relatifs aux demandes à porter ou aux affaires pendantes devant une juridiction ;*
- *aux procédures et actes relatifs à l'exécution des décisions de justice ;*
- *aux frais relatifs aux expertises judiciaires ;*
- *à l'assistance d'un avocat inscrit à l'Ordre des avocats du Niger ou d'un défenseur commis d'office répertorié sur une liste de défenseurs établie par le ministère de la Justice. »*

L'assistance judiciaire applicable en toutes matières ne couvre pas les condamnations pécuniaires. L'ANAJJ dispose d'un large pouvoir d'appréciation des conditions générales d'admission à l'assistance (paragraphe 1), tout en restant lié à l'égard de certaines catégories sociales (paragraphe 2).

3.4.2.3.1 Paragraphe 1 : les conditions générales d'admission

Aux termes de l'article 15 de la Loi N°2011- 42, précitée : *« toute personne reconnue indigente est assistée gratuitement. Par personne indigente, il faut entendre, dans le cadre de la présente loi, toute personne dont les moyens matériels et financiers sont insuffisants pour qu'elle puisse faire valoir ses droits en justice.* »

Il convient d'observer que la loi cite comme bénéficiaire, toute personne indigente, sans davantage de précisions; ce qui fait penser qu'une personne morale est en droit d'en bénéficier. Cependant, compte tenu du contexte nigérien, il serait surprenant qu'une telle personne, a priori pas en manque de moyens, en soit éligible.

Il incombe au demandeur d'apporter la preuve de son indigence auprès du bureau de l'assistance juridique et judiciaire. L'article 15 de la Loi N°2011- 42 renvoie à un décret d'application pour déterminer les critères et les modalités de la preuve de l'indigence. En attendant son adoption, vivement souhaitée, le pouvoir d'appréciation revient aux bureaux.

Par ailleurs, il serait intéressant de reconnaître au bureau de l'assistance le pouvoir de concilier dans des litiges de moindre importance, à déterminer. Ainsi, le bureau pourrait inviter la partie adverse à se présenter pour, éventuellement, s'employer à concilier les parties en vue de mettre un terme au litige.

En cas de refus d'accorder l'assistance, le demandeur ne dispose d'aucune voie de recours ; en principe un individu qui estime avoir subi une violation de ses droits doit pouvoir disposer d'un recours devant une autre instance.

3.4.2.3.2 Paragraphe 2 : l'assistance judiciaire d'office

Il faut relever pour s'en réjouir que dans certains cas, le bénéfice de l'assistance judiciaire est accordé d'office, sans exigence de production de la preuve d'indigence aux catégories de personnes déjà énumérées au titre 1 de la deuxième partie de cette étude.

3.4.2.4 Section 4 : les réalisations de l'ANAJJ

Toutes les réalisations de l'ANAJJ ont des impacts notamment sur les JNR. Grâce aux actions de l'institution, ceux qui ne plaident pas deviennent des citoyens mieux éclairés sur leurs droits ; ceux qui sont impliqués dans des procédures peuvent bénéficier de l'assistance judiciaire. Sur le terrain, les résultats sont palpables. Dans le domaine de l'assistance juridique, depuis sa création, l'ANAJJ a réalisé plusieurs activités de sensibilisation et fourni des consultations juridiques, guidé des personnes à accomplir des démarches administratives, rédigé des actes juridiques ne relevant pas de la compétence exclusive d'autres personnes physiques ou morales.

L'ANAJJ a donné une assistance juridique à 7609 personnes en 2016.

En ce qui concerne l'assistance judiciaire le nombre de bénéficiaires a atteint 770 en 2017 contre 527 pour l'année judiciaire 2015-2016.

L'avènement de l'assistance juridique et judiciaire est une grande avancée pour les citoyens qui se voient ouvrir les portes de la justice, sans beaucoup d'appréhension. Cependant, force est de relever que l'ANAJJ est non seulement méconnue mais surtout dispose de ressources trop limitées[111] .

3.4.2.5 Section5 : les autres acteurs impliqués dans l'assistance juridique et judiciaire

L'ANAJJ collabore notamment avec les organisations de la société civile, les DCO répertoriés sur une liste établie par le ministère de la Justice, les VNU, les ASCN ainsi

[111] Le budget de l'ANAJJ pour l'exercice financier 2018 s'élève à la somme de 150.000.000 F CFA que le Trésor ne libère pas en totalité et à temps. Cette situation oblige l'agence à abandonner la quasi-totalité des activités programmées.

que le barreau. Les premiers sont généralement des fonctionnaires, pour la plupart des enseignants, désignés d'office par les juridictions pour assister les justiciables devant être obligatoirement défendus selon la loi. Ils interviennent surtout dans les procès impliquant des mineurs. Bien que les commis d'office jouent un rôle non négligeable, avec motivation et désintéressement, leurs connaissances en droit restent limitées. C'est pourquoi, ils sont fréquemment appuyés dans le domaine de la formation pour acquérir les rudiments juridiques élémentaires. Les VNU sont recrutés dans le cadre du PNUD pour prendre part aux différentes formes de volontariat, au développement et la paix en collaboration avec les partenaires, les agences hôtes et les communautés locales. Ceux mis à la disposition de l'ANAJJ sont déployés dans le cadre du projet *« Amélioration de l'accès à la justice et promotion des droits humains »*. Ils interviennent dans les maisons d'arrêt, les TI et les TGI, sensibilisent notamment les détenus sur leurs droits et devoirs et leur apportent des appuis conseils individualisés à travers la tenue des permanences.

Les ASCN sont des jeunes diplômés, qui à la fin de leurs études, s'engagent à travailler dans l'administration ou dans l'enseignement pendant une durée déterminée. Certains d'entre eux, notamment les juristes, peuvent être mis à la disposition du ministère de la Justice et se retrouver à l'ANAJJ.

A côté de ces acteurs dont le rôle est non négligeable, le barreau occupe une place centrale dans le système de l'AJJ (paragraphe 1), même si le processus de son implication a été laborieux (paragraphe 2), des difficultés subsistent encore afin qu'il puisse donner la pleine mesure de ses capacités (paragraphe 3).

3.4.2.5.1 Paragraphe 1 : les avocats, acteurs centraux de l'AJJ

La profession d'avocat est régie au Niger par les dispositions de la Loi n°2004-42 du 8 juin 2004, portant réglementation de la profession d'avocat, le Règlement N°05/CM/UEMOA relatif à l'harmonisation des règles régissant la profession d'avocat dans l'espace UEMOA et le Règlement N°10/06/CM/UEMOA du 25 juillet 2006 relatif à la libre circulation et d'établissement des avocats ressortissants de l'Union au sein de l'espace UEMOA.
Les avocats ont un rôle extrêmement important à jouer en matière d'accès à la justice, à tel point que certains auteurs suggèrent la reconnaissance du droit à l'avocat comme un droit fondamental[112]. Le rôle de l'avocat est d'autant plus inestimable que grâce au commis d'office, le JNR devient un acteur de son procès avec les mêmes chances de succès que son adversaire.

3.4.2.5.2 Paragraphe 2 : le processus laborieux de l'implication du barreau dans le système de l'AJJ

Des incompréhensions ont fait leur apparition entre le barreau et l'institution chargée de l'assistance juridique et judiciaire au tout début de sa mise en place. Le barreau l'a même combattue en y voyant un acte de concurrence déloyale, se fondant sur les textes nationaux et communautaires régissant la profession. A vrai dire, leurs arguments ne manquent pas de pertinence en se référant aux dispositions précitées. L'article 3 de la Loi n° 2004-

[112]Emmanuelle Bernheim et Richard-Alexandre Laniel, Le droit à l'avocat, une histoire d'argent, 2015 93-1 Revue du Barreau canadien 251, 2015 CanLIIDocs 219, <http://www.canlii.org/t/8bh>, consulté le 21.10.19.

42 du 8 juin 2004, dispose que : *«nul ne peut, s'il n'est avocat, assister ou représenter les parties, postuler et plaider devant les juridictions».* Par ailleurs, le barreau invoque l'article 18 du Règlement N°05/CM/UEMOA, qui dispose que *« Il (le bâtonnier) gère les fonds de l'assistance juridique et judiciaire [...]».*

A l'époque, l'Ordre des avocats avait même menacé de saisir la Commission de l'UEMOA pour constater le manquement. Une solution a fini par être trouvée et en 2017, le barreau a commencé à participer effectivement aux activités de l'ANAJJ.

De nos jours, les avocats sont très impliqués dans les activités de l'ANAJJ. Rien que dans la période du 08 avril au 29 juin 2019, 112 avocats commis d'office ont fourni l'assistance judiciaire à 182 personnes lors de la session 2019 du Pôle judiciaire spécialisé en matière de lutte contre le terrorisme et la criminalité transnationale, la 1ère session de la Cour d'assises de Tahoua et la 1ère session de la Cour d'assises de Niamey[113].

Avec des subventions symboliques de l'ANAJJ, le Conseil de l'ordre entreprend régulièrement des caravanes de la défense[114] à l'intérieur du pays. En dépit des efforts déployés, les besoins en conseils sont loin d'être satisfaits.

---

[113] ANAJJ, Rapport d'activités du 3ème trimestre 2019, septembre 2019.

[114] Il s'agit de caravanes que le Conseil de l'ordre dépêche à l'occasion des sessions d'assises pour aller défendre gratuitement les accusés, avec une priorité donnée aux mineurs et aux femmes. Egalement, durant cette période, les avocats reçoivent les justiciables indigents à qui ils prodiguent des conseils.

3.4.2.5.3 Paragraphe 3 : Des besoins en assistance/représentation globalement insatisfaits

Premièrement, cette insatisfaction se ressent au niveau de la population générale. A commencer par l'effectif dérisoire des avocats, au nombre de 133 avocats titulaires à la date du 31 août 2020, pour une population estimée à 22 millions d'habitants ; ils sont tous inscrits au barreau de Niamey, le seul opérationnel[115]. Les avocats rechignent à s'installer à l'intérieur du pays où le nombre d'affaires est relativement faible. En tout et pour tout, deux cabinets secondaires existent dans chacune des deux principales villes du pays, en dehors de la capitale, à savoir Zinder et Maradi. D'où un recours massif dans les zones reculées aux prestations des DCO pour compenser leur absence.

Le nombre dérisoire des avocats s'explique en partie par le taux élevé d'échec au concours d'accès à la profession. Certaines années un ou deux candidats sont reçus ; ce qui interroge sur les raisons de cet échec face à des besoins de plus en plus croissants. Des voies et moyens doivent être recherchés pour ouvrir la profession à tous ceux qui justifient des conditions d'aptitude.

Qu'en est-il des honoraires ? C'est un truisme de dire qu'ils ne sont pas à la portée du Nigérien moyen, en l'absence de tarification officielle applicable, tout est question de négociations[116]. Or l'accès à la justice suppose des frais raisonnables, condition pour que les citoyens aux

---

[115] La loi prévoit pour la création d'un barreau qu'il ait au moins 6 avocats ; faute d'atteindre ce nombre le barreau de la Cour d'appel de Zinder n'est pas encore constitué.

[116] Elle peut, soit porter sur toute la procédure (y compris les déplacements) et fait l'objet d'un package jusqu'à la fin, soit sur une partie de celle-ci. Dans ce cas, à chaque déplacement le client assure la prise en charge de son conseil. Pour un dossier moyen de litige champêtre par exemple, sans transport, il faut compter un minimum de 500.000f CFA.

revenus modestes puissent se faire représenter. Etant pour la plupart domiciliés à Niamey, rien que la prise en charge de leurs déplacements pour se rendre en province est hors de portée du justiciable moyen dont la confiance n'est pas toujours totale. En effet, certains justiciables, même disposant de moyens suffisants pour faire face aux frais de leurs procès, ne voient pas la nécessité de se faire assister. Lorsqu'ils le font, la collaboration ne se déroule pas sans malentendus. La plupart des plaideurs ne se débarrassent pas de l'idée selon laquelle l'avocat seul ne suffit pas à faire gagner le procès ; pour eux " *le juge reste et demeure le meilleur avocat".* C'est pourquoi, afin de se rassurer, des démarches parallèles sont entreprises – court- ci cuitant les avocats – tendant à obtenir des tête- à tête avec les juges en charge de leurs dossiers. Les conseils condamnent ces initiatives malencontreuses, qui jettent le doute sur leurs expertises[117], et entrainent des dépenses supplémentaires dont l'économie aurait pu davantage gonfler leurs honoraires. En réalité, les clients se méprennent sur le rôle des conseils en faisant peser sur eux une véritable obligation de résultat ; leur certitude inébranlable est que bénéficiant des services d'un tel professionnel du droit, on ne peut en aucune façon succomber.

Dans sa collaboration avec l'ANJJ, se pose la question de la juste rémunération des prestations des avocats, et donc de leur motivation ; ces derniers donnent l'impression de s'engager dans du social. Outre la modicité des crédits à eux accordés par rapport aux honoraires habituellement perçus de la clientèle normale, les montants sont libérés par le Trésor public avec beaucoup de retard.

---

[117]La plupart des justiciables pensent qu'il "vaut mieux s'adresser au bon Dieu qu'à ses saints."

Au total, les besoins en matière d'assistance juridique et judiciaire sont colossaux dans l'environnement nigérien, à tel point que ceux satisfaits constituent une goutte d'eau dans la mer. Le JNR qui ne bénéficie pas de la représentation dispose tout de même de la faculté d'y aller seul. Sauf que le tout n'est pas de saisir le tribunal, faudrait-il encore bénéficier d'un procès équitable.

4 Troisième partie : l'autoreprésentation et le procès équitable

La DUDH du 10 décembre 1948, texte de référence en la matière, prévoit le droit à un procès équitable en son article 10. Par la suite, les autres instruments internationaux de protection des droits de l'homme s'en sont inspirés. C'est le cas de la CEDH, à l'article 6§1, énoncé supra, la Charte africaine ainsi que son Protocole[118].

Selon le lexique des termes juridiques, le droit au procès équitable est défini comme le droit à un *« procès équilibré entre toutes les parties (aequus = équilibre) dont les principales manifestations, dans la jurisprudence de la CourEDH, sont : le droit à un recours effectif devant un tribunal ; le droit à un tribunal indépendant et impartial ; le droit à un procès public, respectant l'égalité des armes et conduisant à un jugement rendu dans un délai raisonnable ; le droit à l'exécution effective de la décision obtenue*[119]. »

Selon SOYER, M. et DE SALVIA, au sens étroit, l'équité *«requiert que chacune des parties au procès puisse soutenir sa cause [...] dans des conditions qui ne la désavantagent pas substantiellement, au total du procès, par rapport à la partie adverse.»* Au sens large, le procès équitable *« correspond à la notion de bonne justice, il recouvre un certain nombre de droits distincts, comme le droit d'être jugé par un tribunal impartial, au terme d'une*

---

[118]L'exigence d'un procès équitable découle des dispositions du Protocole de la CADHP portant création d'une CAfDHP relatives aux motivations des avis consultatifs et des arrêts *(articles , 4 alinéa 2 et 28 alinéa 6), à « l'examen contradictoire des requêtes qui lui sont soumises » (article 28), et à la consécration du principe de l'égalité des armes de l'article 10 alinéa 2.*

[119]Lexique des termes juridiques, 2014, 21ème édition, p.746

procédure contradictoire, publique et tenue dans un délai raisonnable, à cela il faut ajouter la présomption d'innocence sans laquelle il n'y a pas de vrai procès et donc pas de procès équitable[120] *».*

Le professeur Serge Guinchard résume tous ces contours du procès équitable par un triptyque : droit d'accès à un tribunal, droit à une bonne justice (juge indépendant et impartial et exigences procédurales), droit à l'exécution effective du jugement.

Le droit à un procès équitable a un caractère double, il est à la fois un droit de l'homme essentiel et un droit procédural. De ce dernier point de vue, il permet de mettre en évidence certaines exigences relatives à la réalisation du procès.

Ainsi défini, le droit au procès équitable, en quelques décennies, est en train de gagner du terrain ; pour reprendre la formule du professeur Serge Guinchard, hier, de *« véritable univers en expansion, devenu une norme processuelle de référence qui envahit tous les contentieux (...), aujourd'hui, c'est aussi un enjeu substantiel et, à ce titre aussi, un droit fondamental qui tend à l'emporter sur toute autre considération. »*

Le procès équitable apparaît intimement lié à aux règles de l'organisation de la justice et au fonctionnement des juridictions. Les garanties du droit d'accès à la justice s'appliquent dans les matières aussi bien administratives pénales que civiles[121] et se poursuivent même pendant la phase d'exécution de la décision. Rapportée à notre étude, en quoi l'équité peut-elle bénéficier à un plaideur

---

[120] Rapporté par Jean Pradel, la notion de procès équitable en droit pénal européen, Revue générale de droit, 27 (4), 505-523, https://doi.org/10.7202/1035753ar.

[121]CouEDH, Guide sur l'article 6 de la Convention européenne des droits de l'homme (droit à un procès équitable), Conseil de l'Europe, mis à jour au 31 décembre 2019, p.13

ignorant tout de l'organisation et du fonctionnement des juridictions?

Chaque justiciable possède le droit à un procès équitable et les conditions doivent être créées pour qu'il en soit ainsi. Notre étude sur le procès équitable aura comme critères d'appréciation la jurisprudence et la doctrine afin d'avoir une meilleure compréhension de la nature des droits consacrés.

L'article 20 de la Constitution du Niger pose le principe de la présomption d'innocence.

Dans le Code de procédure pénale, il n'y a pas de disposition spécifique relative au procès équitable, pour autant on ne peut pas dire que cette disposition est méconnue ; diverses garanties y sont disséminées[122].

De son côté, l'article 3 du Code de procédure civile dispose que *: « toute personne a le droit à ce que sa cause soit entendue par une juridiction indépendante et impartiale, dans un délai raisonnable. »*

Au Niger, la doctrine sur la question n'étant pas disponible et la jurisprudence des hautes juridictions rare[123], nous

---

[122] On peut citer par exemple le délai de la garde à vue fixé à 48 heures, renouvelable pour 48 heures, sur autorisation du procureur de la République, le droit de prendre un avocat à partir de la 24ème heure de la garde à vue sous peine de la nullité de la procédure (article 71 CPP). Mieux, l'article 5 du Règlement n°5 /CM/UEMOA en date 25 septembre 2014 entré en vigueur le 1er janvier 2015, dispose que les avocats assistent leurs clients dès leur interpellation, durant l'enquête préliminaire, dans les locaux de la police, de la gendarmerie et devant le parquet sans même qu'ils n'aient besoin de produire une lettre de constitution. Cette norme communautaire a une force supérieure aux lois nationales, renforçant ainsi les dispositions de l'article 71 du Code de procédure.

[123]La question du procès équitable s'est tout de même posée sous une forme politicienne, remettant en cause la Cour constitutionnelle, lorsque dans une déclaration en date du 18 janvier 2015, l'opposition politique l'a récusée, l'accusant de partialité et d'allégeance au

allons nous référer aux jurisprudences de la Cour africaine et de la Cour européenne.
Conformément à notre méthodologie, seules les matières civiles et pénales retiendront l'attention ; nous allons suivre le JNR se mouvoir dans ces procédures pour se faire à l'idée s'il bénéficie des éléments du procès équitable qui peuvent s'observer dans l'équité dans l'organisation des juridictions (titre 1) ainsi que dans leur fonctionnement (titre 2).

4.1 Titre 1 : le JNR et l'équité dans l'organisation des juridictions

Au Niger, la justice présente, tant dans les dispositions de la loi fondamentale que les lois qui en découlent, tous les attributs formels d'une justice équitable dans son organisation. L'article 118 de la Constitution consacre l'indépendance des magistrats, qui dans l'exercice de leurs fonctions ne sont soumis qu'à l'autorité de la loi. Le Conseil supérieur de la magistrature veille à assurer l'indépendance des juges. A cela, il faut ajouter les procédures de renvoi pour suspicion et celle de récusation de nature à rassurer les plaideurs.
Au nom du principe de la gratuité, les magistrats ne sont pas rémunérés par les justiciables mais par l'État. La justice constitue un service public dont le financement est assuré par l'impôt. Ce principe de gratuité n'est pas absolu dans la mesure où l'engagement d'un procès engendre divers frais. Du début de la procédure à la décision finale, voire son exécution, notre JNR s'expose à divers frais que nous allons examiner plus loin.

---

pouvoir politique. Le Cap 2021, la coalition de l'opposition a réitéré en 2020 les mêmes griefs à l'encontre de la Cour. Une saisine aurait été intéressante pour apprécier la décision de cette juridiction.

Par ailleurs, l'article 1er de la Loi n°2018-37 du 1er juin 2018 abrogeant la Loi n°2004-50 du 22 juillet 2004, qui fixe l'organisation et la compétence des juridictions en République du Niger dispose que : *«la justice est rendue en matière pénale[...] par la Cour de cassation, les Cours d'appel, les Cours d'assises, les Tribunaux de grande instance, le Tribunal militaire, les Tribunaux d'instance, les Tribunaux pour mineurs, les Tribunaux d'arrondissements communaux, le Pôle spécialisé en matière économique et financière, le Pôle judiciaire en matière de lutte contre le terrorisme.»*

En matière d'organisation judiciaire, deux principales garanties découlent de l'article 3 du Code de procédure civile à savoir les principes d'indépendance et impartialité ainsi que du délai raisonnable.

Par conséquent, allons-nous principalement axer nos développements sur les critères d'impartialité (chapitre 1) et d'indépendance (chapitre 2).

4.1.1 Chapitre 1 : le principe de l'indépendance du tribunal profite-t-il au JNR ?

Les commentateurs de la jurisprudence[124]de la Cour européenne sont unanimes sur le nombre de critères à prendre en compte pour déterminer l'indépendance du tribunal, qui s'apprécie par rapport à l'exécutif et les parties, le mode de désignation et la durée du mandat des membres, l'existence de garanties contre les pressions extérieures et au point de savoir s'il y a apparence d'indépendance.

Dans ce chapitre consacré à l'indépendance, il serait superflu de reprendre toute la littérature y relative et qui pourrait ne pas se rapporter à notre thème. L'indépendance

---

[124]Gilles Dutertre, Arrêts Campbell et fell (Extraits clés de jurisprudence, Cour Européenne des droits de l'homme, Editions du Conseil de l'Europe, juillet 2003) p. 90.

du tribunal est-elle ressentie par le JNR ? Nous ferons l'analyse sous deux aspects des éléments sus énumérés à savoir la garantie contre les pressions extérieures (section 1) et la composition des juridictions (section 2).

4.1.1.1 Section 1 : les garanties contre les pressions extérieures

Cette notion signifie que le juge doit être indépendant de toute influence, qu'elle soit de source judiciaire et non judiciaire. Aussi, il doit être à l'abri des pressions, des interventions de ses propres collègues ou supérieurs hiérarchiques, pratiques très courantes. En effet, l'entourage professionnel des juges intervient beaucoup pour plaider la cause de leurs parents, amis et connaissances. Comme décrit supra, le JNR, compte tenu de son état, (démuni, analphabète et sans relations sociales bien placées) n'est pas favori pour faire triompher sa cause par cette voie, ce qui ne l'empêche pas d'user des "armes" à sa portée. L'idée qu'il se fait de la justice est qu'il ne faut jamais l'affronter les "mains vides". Avec la politisation à outrance de la société, chaque citoyen se réclamant d'un parti politique, le JNR exposerait au moins son cas à son leader politique local pour s'assurer de son soutien qui serait promis. En réalité, les pressions non politiques, vécues au quotidien, sont de loin les plus importantes bien que les moins décriées ; c'est donc à tort que l'opinion semble ne se préoccuper que des influences sporadiques exercées par le pouvoir sur le parquet (paragraphe 1) et le juge (paragraphe 2).

4.1.1.1.1 Paragraphe 1 : Le statut du parquet vis-à-vis de l'exécutif et ses répercussions sur le JNR

Le parquet se caractérise par le principe de subordination au pouvoir exécutif, ce qui créé une véritable dépendance vis à vis des autorités hiérarchiques qui proposent les magistrats de cette catégorie à la nomination au président de la République. Cette dépendance est consacrée par les articles 32 et 35 du Code de procédure pénale. Ils sont donc rattachés à la chancellerie de qui ils peuvent recevoir des instructions.

Le traitement réservé au JNR frise les abus, du fait des pouvoirs, déjà exorbitants des OPJ, exercés sur des individus non éveillés. Son calvaire commence lors de l'enquête préliminaire, au commissariat de police ou à la gendarmerie où il pourrait être détenu au-delà des délais légaux de la garde à vue. A la fin de la procédure, il se trouverait dans l'incapacité d'exercer le contrôle de l'exactitude de ses déclarations délivrées en langue locale et retranscrites en langue officielle, le français. Sans mettre en doute l'intégrité des OPJ, tant que l'auteur d'une déclaration n'est pas en mesure de les relire lui-même, et non seulement en recevoir interprétation, des discordances pourraient apparaître entre les propos tenus et le contenu du procès-verbal. A la fin de l'enquête préliminaire, le JNR appose son empreinte digitale, sans demander son reste, pressé de quitter les lieux pour le palais où il s'attend à des meilleurs traitements.

Dans ces conditions, il pourrait arriver que le JNR soit présenté au procureur de la République, puis au juge d'instruction sans être fixé dans leurs moindres détails sur les chefs de prévention/accusation. Soit dit en passage, rares sont les juridictions qui disposent d'un interprète[125] ; lorsque c'est le cas, leurs prestations ont un rôle

---

[125] Bien que la justice est rendue dans la langue officielle qu'est le français, les juges s'efforcent de s'exprimer en langue locale.

déterminant. Sans aller jusqu'à leur attribuer l'influence qu'ils avaient sous l'époque coloniale[126], de nos jours aussi, les interprètes sont à même de faire et défaire un procès lorsque les membres composant le tribunal ne comprennent pas la langue du mis en cause.

La situation du JNR, partie civile ou victime, n'est guère enviable non plus, lui qui semble pourtant en *« situation de force »* en sa qualité de partie lésée par l'infraction.

En dehors des textes internes à l'image du Code de procédure pénale, divers instruments et déclarations internationaux protègent cette catégorie[127]. C'est le cas de la Déclaration des Nations unies sur les principes fondamentaux de justice relatifs aux victimes de la criminalité et aux victimes d'abus de pouvoir, adoptée par l'Assemblée générale en 1985, reprise dans ses grandes lignes par les législations nationales, qui leur reconnaît bien de droits. Le JNR, sans peur d'exagérer, ne connaît pas le moindre de ses droits, même celui d'être traité avec respect et considération[128].

Les traitements dont font l'objet les JNR plaignants ne cadrent pas avec leur état. Les répondants à notre questionnaire indiquent n'avoir pas perçu la différence de traitement entre eux et les auteurs des infractions leur ayant occasionné des préjudices. Outre les longs temps d'avant auditions, les récriminations portent aussi sur les incessants va et vient entre le domicile et la police judiciaire.

A l'audience le JNR se retrouve complètement désarmé et perdu entre les réquisitions du procureur de la République

---

126 Voir André Salifou, op cit p.199.

127 Au plan international, l'impression qui se dégage est d'assister à un certain paradoxe, la part semble plus belle aux prévenus qu'aux victimes.

128 Dans la culture traditionnelle dont le JNR analphabète est imbu, l'obéissance est due à l'autorité en toute circonstance. Il faut subir sans broncher.

et les plaidoiries de la partie civile ; il a l'impression que le monde entier est contre lui. Sans moyens de défense, il se contente de demander la clémence du tribunal.
Au vrai, la subordination du parquet à la chancellerie n'a pas une grande incidence sur la cause du JNR, opposé à un plaideur représenté. On voit mal comment est-ce que des instructions pourraient être données au parquet contre un JNR. Le déséquilibre dans le procès en défaveur de ce dernier est tel que le juge aurait du mal à rétablir la balance.

4.1.1.1.2 Paragraphe 2 : l'indépendance des magistrats du siège, motif d'espoir pour le JNR

De façon générale en Afrique, l'indépendance de la justice vis-à-vis du pouvoir exécutif, pointée du doigt, pour reprendre la formule des années "90" de Jean du Bois de Gaudusson, semble toujours d'actualité[129].
L'analyse se limite au rapport des magistrats du siège avec l'exécutif ainsi qu'au principe de leur inamovibilité.
Les articles 116 et 118 de la Constitution du Niger consacrent le principe de l'indépendance du pouvoir judiciaire et la soumission des magistrats à la seule autorité de la loi. Mais entre la proclamation du principe et la réalité, il y a grand un fossé ; l'exécutif contrôle plus ou moins le pouvoir judiciaire à travers le Conseil supérieur de la magistrature, présidé par le président de la République, qui procède aux nominations aux diverses fonctions de la magistrature. En outre, au sein de ce Conseil, siègent d'autres personnalités politiques, représentant notamment l'Assemblée nationale ou

[129] Jean du Bois de Gaudusson, la justice en Afrique, nouveaux défis, nouveaux acteurs,https://www.cairn.inforevue-afrique-contemporaine-2014-2-page-13.htm, consulté le 02/07/2020.

proposées par le président de la République[130].Dans l'administration quotidienne de la justice, les interférences de certaines autorités politiques sont régulièrement dénoncées par les magistrats à travers leur syndicat, sans que ces actes attentatoires à leur indépendance donnent lieu à des sanctions.

La politisation a gagné le corps de la magistrature à travers les luttes entre partis politiques, certains juges ne font plus de tabou autour des affiliations politiques[131].

Relativement au second aspect qui retient notre attention, aux termes de l'article 6 de la Loi n° 2018-36 du 24 mai 2018, portant Statut de la magistrature : *« les magistrats du siège sont inamovibles. Ils ne peuvent recevoir une affectation nouvelle même par voie d'avancement, sans avis conforme du Conseil supérieur de la magistrature.*

Toutefois, lorsque les nécessités du service l'exigent, les magistrats du siège peuvent être déplacés par l'autorité de nomination, après avis conforme du Conseil supérieur de la magistrature. »

Le doyen Favoreu définit l'inamovibilité comme suit : « *le juge, non seulement ne peut être révoqué, suspendu ou mis à la retraite d'office en dehors de garanties prévues par son statut, mais encore [...] il ne peut recevoir, sans son consentement, une affectation nouvelle.*» L'inamovibilité s'entend avant tout d'une garantie contre l'arbitraire de l'exécutif ; ainsi, à la différence du fonctionnaire ordinaire, un magistrat ne peut faire l'objet d'affectation nouvelle sans son consentement.

---

[130]Voir sur cette question, Maman Aminou A. Koundy, la réalité de l'indépendance de la magistrature Nigérienne.ww.courdecassation.fr consulté le 02.07.20.

[131]Oumarou Hamani, L'administration de la carrière des magistrats au Niger, une ethnographie du Conseil de la magistrature, études et travaux N°70, décembre 2008, p.27.

Au Niger, la mise en œuvre du principe s'avère compliquée ; il est mis en échec à un double titre. D'une part, le recours massif aux exigences des nécessités du service qui font que les magistrats du siège peuvent être déplacés par l'autorité de nomination, après avis conforme du Conseil supérieur de la magistrature ; d'autre part, sur le plan pratique, requérir le consentement des magistrats avant tout déplacement poserait d'énormes difficultés. En effet, s'il fallait tenir compte de leur consentement, les magistrats marqueraient leurs préférences pour les mêmes postes, dans les mêmes villes/régions ; inversement étant en service à ces postes, de leur propre gré, ils n'accepteraient pas de se faire muter. De ce fait, les postes dans le ressort des zones enclavées resteraient vacants en permanence, faute de demandeurs.

En définitive, l'indépendance du juge s'avère capitale pour le JNR, naturellement désavantagé ; elle nourrit au moins son espoir d'un traitement égal dû aux parties dans le procès où des non professionnels peuvent siéger.

4.1.1.2 Section 2 : La présence de non professionnels dans la composition des juridictions

Il arrive que les juridictions, outre les magistrats professionnels, fassent place aussi à des non professionnels dans leur composition. Le cas des assesseurs et des jurés des assises est intéressant à analyser.

4.1.1.2.1 Paragraphe 1 : les assesseurs coutumiers

Leur présence constitue un élément rassurant pour le JNR, rien qu'à la vue de citoyens ordinaires parmi les magistrats professionnels. Elle ne compromet pas l'indépendance du tribunal, étant donné qu'ils n'ont que voix consultative, le juge restant maître de la décision.

Comme mentionné plus haut, l'apport des assesseurs coutumiers reste mitigé ; loin d'apporter les éclairages nécessaires sur les coutumes applicables au JNR. Et donc, d'assurer le respect de son patrimoine juridique.

4.1.1.2.2 Paragraphe 2 : les jurés des Cours d'assises[132]

La Cour d'assises comprend la cour proprement dite et le jury. Conformément à l'article 244 du Code de procédure pénale, le jury est composé de citoyens, appelés jurés. Contrairement aux assesseurs coutumiers, les jurés ont voix délibérative. Malgré leur ignorance des procédures judiciaires, ils y apportent un regard nouveau, plus humain sur les affaires, peut-être aussi plus compréhensif du statut du JNR.

La présence de fonctionnaires ou de non professionnels au sein d'une juridiction n'entrave en rien son indépendance en l'absence d'une subordination hiérarchique.

Dans l'affaire Sramek du 22 octobre 1984 la CouEDH a relevé un état de subordination d'un membre de la Cour, un fonctionnaire, par rapport à l'une des parties en ces termes : *« pareille situation met gravement en cause la confiance que les juridictions se doivent d'inspirer dans une société démocratique. »*
Point de puissance de juger si cette fonction est confondue avec le législatif ou l'exécutif, selon Montesquieu. L'indépendance, garantie censée profiter à tous les plaideurs, si elle est observée a, au moins, le mérite d'entretenir l'espoir du JNR dans le déroulement de son procès. Qu'en sera-t-il du principe de l'impartialité ?

---

[132] La Cour d'assises a plénitude de juridiction pour juger les individus renvoyés devant elle par l'arrêt de mise en accusation. Depuis la réforme de 2018 la Cour d'appel et le TGI comprennent une chambre criminelle pour connaître des affaires criminelles.

4.1.2 Chapitre 2 : l'impartialité du tribunal, garantie ineffective pour le JNR

Il résulte de l'article 17 de la Loi n° 2018-36 du 24 mai 2018, portant Statut de la magistrature que : *« les magistrats doivent rendre la justice impartialement, sans considération de personnes, ni d'intérêt ; ils ne peuvent défendre, ni verbalement, ni par écrit, même à titre de consultation, les causes autres que celles qui les concernent personnellement. »*

De cette garantie, Marie-Anne Frison-Roche renseigne que le *« juge doit être neutre par rapport à la situation qu'on lui soumet, par rapport à la personne des parties qui argumentent devant lui, par rapport à la loi qu'il a en charge d'appliquer*[133]*. »* Tel que le souligne le professeur Guinchard[134] : « *l'organisation judiciaire procède de la volonté toujours plus marquée d'établir un système apte à produire une pacification d'intérêts opposés par le recours à un tiers impartial et désintéressé auquel on accorde foi* ». Cette dose de foi, le JNR en a besoin pour affronter son procès.

L'impartialité apparaît donc comme un des fondements du procès équitable que la jurisprudence[135] distingue en impartialité objective (Section 1) et subjective (Section 2).

4.1.2.1 Section 1 : l'impartialité subjective ou l'impossible preuve à rapporter par le JNR

L'impartialité subjective ou personnelle est attachée aux fonctions du juge lorsqu'il a pu connaître directement ou indirectement une affaire qui lui est soumise. C'est ce que peut penser le juge dans son for intérieur, elle est présumée et il revient au requérant de démontrer la

---

[133] D. 1999 chroniques p.53_ l'impartialité du juge

[134] S. Guinchard, Droit processuel, Dalloz, 5ème éd., 2009,

[135] Affaire Saraiva de Carvalho c.Portugal (22 avril 1994)

partialité. Les liens entre le juge, une partie ou l'avocat peuvent semer le doute. Deux situations peuvent se présenter au JNR. Dans la première, en présence d'une situation avérée de partialité, il risque de ne se douter de rien et considérer que tout va pour le mieux dans le meilleur des mondes. Dans la seconde, un simple échange d'affabilités peut l'inquiéter au point de le désarçonner. Au palais, la vigilance exacerbée du JNR le conduit à scruter tout acte anodin et l'interpréter en sa défaveur. Voit-il l'avocat de la partie adverse échanger avec le juge, avant l'audience, fataliste, il assimilerait cette civilité à un "complot" synonyme de sa perte inéluctable. Lorsque c'est avec le procureur de la République, il pressentirait, en position de mis en cause, sa condamnation fatale. Ne sachant pas démêler la partialité personnelle de ce qui ne l'est pas, le JNR ignore tout des mécanismes susceptibles d'assurer sa protection contre l'impartialité telle que la récusation.

En général, l'impartialité subjective, outre les difficultés de preuve soulevées, trouve peu d'application, comparativement à l'impartialité objective.

4.1.2.2 Section 2 : l'impartialité objective invisible pour le JNR

Dans cette conception, au-delà de la conduite personnelle du juge, il faut demander s'il n'y a pas de raison légitime de redouter de son impartialité. En la matière, même les apparences peuvent revêtir de l'importance ou, comme le dit un adage anglais « *justice must not only be done, it must also be seen to be done*» (il faut non seulement que justice soit faite, mais aussi qu'elle le soit au vu et au su de tous.) Le doute peut être exclu à partir de quatre incompatibilités. :

- ne peut être juge celui qui a décidé de faire juger l'affaire ;

- ne peut être juge celui qui l'a instruite, en matière répressive ;
- ne peut être juge celui qui l'a déjà jugée ;
- ne peut être juge celui qui a antérieurement donné un avis à son propos.

Force est de constater que de manière générale, ce principe connaît des limites au Niger, le cumul des fonctions judiciaires est très courant auprès de certaines juridictions comme les TC, TAC, les TI[136], faute d'effectifs suffisants de magistrats. Aussi, les 2 premières incompatibilités sont très fréquentes, le juge fait office de procureur, tout comme le juge instructeur peut juger l'affaire. Avec le cumul des fonctions, un seul regard est porté sur l'affaire de bout en bout. La conviction préétablie du juge depuis la phase des poursuites n'aurait pas de chance de varier tout au long de la procédure. Comme le dit l'adage, "juge unique, juge inique".

Le service public de la justice Nigérienne est régi, dans l'ensemble, par les principes classiques de l'organisation ; pas assez toutefois pour changer le sort du JNR. Les JNR ne bénéficient d'aucune faveur dans le procès ; les juges interrogés font savoir leur gêne lorsqu'ils gèrent un dossier mettant en présence un JNR et un professionnel du droit. Les procédures se complexifient, les procès sont plus longs, nécessitent plus d'explications ; des actes de procédure simples peuvent être mal compris et mal interprétés. Bref, un tel procès requiert beaucoup de patience et de pédagogie.

---

[136] La séparation des fonctions est prévue dans l'organisation judiciaire, elle est en train de devenir progressivement une réalité au fur et à mesure de l'étoffement des effectifs des magistrats. Au 31 décembre 2016, leur effectif est de 401 dont 361 hommes et 40 femmes.

Par contre, dans certaines nations comme au Québec et aux Etats-Unis[137], des égards sont accordés au JNR, est-ce le cas concernant l'équité dans le fonctionnement des juridictions au Niger ?

4.2 Titre 2 : le JNR et l'équité dans le fonctionnement des juridictions

La Constitution du Niger en son article 117, prescrit que la justice est rendue sur le territoire national au nom du peuple et dans le strict respect de la règle de droit ainsi que des droits et libertés de chaque citoyen. Les décisions de justice s'imposent à tous, aux pouvoirs publics comme aux citoyens. En matière civile, les articles 2, 3, 4, 5 et 6 du Code de procédure civile consacrent les principes qui doivent guider un procès équitable. Il s'agit notamment de la présomption d'innocence, la publicité des débats, le caractère contradictoire de la procédure, le respect du droit de la défense, le double degré de juridiction, la motivation des jugements, la notification des voies de recours. Le professeur Guinchard englobe ces garanties sous le vocable de droit à une *« bonne justice »,* dont certains éléments seront étudiés à l'aune de la situation du JNR, à commencer par la présomption d'innocence.

---

[137]Des auteurs américains ont rédigé un article avec un protocole en 10 points abordant les techniques juridiques à adopter en cas de présence d'un JNR dans un dossier.
Au Québec, il existe des énoncés de principe du Conseil canadien de la magistrature suggérant aux juges que, face à des parties non représentées, ils doivent adopter des mesures particulières pour assurer qu'elles ne soient pas injustement défavorisées.
Ce protocole et ces énoncés n'ont pas de valeur juridique. Voir Kenza Sassi, op cit.

4.2.1 Chapitre 1 : de la présomption d'innocence à la présomption de culpabilité

La présomption d'innocence figure à l'article 20 de la Constitution du Niger du 25 novembre 2010 en ces termes : *« toute personne accusée d'un acte délictueux est présumée innocente jusqu'à ce que sa culpabilité ait été légalement établie au cours d'un procès public durant lequel toutes les garanties nécessaires à sa libre défense lui auront été assurées. »*. Le Code pénal et le Code de procédure pénale renforcent la présomption d'innocence en édictant les principes qui la rendent effective.

L'article 6 § 2 de la CEDH et l'article 7 b) de la Charte africaine la prévoient, en principe, en faveur des personnes accusées d'une infraction pénale. Elle signifie *« d'une part, qu'un individu suspect ou poursuivi n'a pas à prouver qu'il est innocent, et d'autre part, que si la preuve de sa culpabilité, faite par le Ministère public ou la partie civile, est insuffisante et qu'il subsiste un doute, il doit être acquitté ou relaxé*[138]*. »*

Dans la jurisprudence de la CouEDH, son champ d'application dépasse le cadre des affaires pénales pour concerner également les affaires civiles considérées par la Convention comme « pénales », telles que les procédures disciplinaires engagées devant des organes corporatifs.

Malgré la proclamation du principe, dans les faits, les JNR, recrutés parmi les couches les plus faibles de la population, sont plus sujets à des mesures de privation de liberté. Déjà, à l'enquête préliminaire les méthodes utilisées dénotent d'un autoritarisme exacerbé, les justiciables sont convoqués avec la mention" dès réception", parfois sans indication du motif. Dans les

---

[138] Gaston Stefani, Georges Levasseur, Bernard Bouloc, Procédure pénale, 15ème édition, Précis Dalloz, 1993, p.25-26.

villages lointains et enclavés, trouver une personne instruite pour lire les indications figurant dans une convocation relève de l'exception. Les destinataires des convocations qui tardent à répondre, sur dénonciation des plaignants qui les accusent de le faire sciemment, sont parfois recherchés dans les fourgonnettes des OPJ.

A la phase d'instruction, à cause de l'absence de garantie de représentation en justice[139], le juge est plus enclin à placer un JNR en détention préventive; la liberté devient l'exception, la détention la règle. Et la présomption d'innocence des JNR se prolonge jusque dans les maisons d'arrêt où la séparation des prévenus d'avec les condamnés consacrée par l'article 6 de la Loi N° 2017-008 du 31 mars 2017 n'est pas toujours effective. A titre illustratif, à la maison d'arrêt de Zinder, coupables ou innocents subissent tous les mêmes mauvais traitements inhérents à leurs conditions de détenus. Tout nouveau pensionnaire est brutalement rasé et affublé d'une tenue spéciale[140]. Les récriminations des détenus, parmi lesquels une écrasante majorité de JNR, portent sur la durée de leur détention préventive, pourtant strictement encadrée par la loi[141] N'ayant pas de conseils pour relancer le juge, accélérer la procédure ou déposer

[139] Certains ne disposent pas d'adresses fiables et donc peuvent facilement se soustraire de l'action de la justice.

[140] Collectif des organisations de défense des droits de l'homme et de la démocratie, Rapport sur la situation des droits de l'homme en milieu carcéral au Niger, décembre 2014.

[141] En matière correctionnelle, lorsque le maximum de la peine est inférieure ou égal à trois ans d'emprisonnement, l'inculpé domicilié au Niger ne peut être détenu plus de six mois ; dans les autres cas, il y a possibilité de renouveler une seule fois par ordonnance pour une durée de six mois ; en matière criminelle, l'inculpé ne peut être maintenu en détention au-delà de 18 mois, avec possibilité de prolonger pour une durée qui ne peut être supérieure à 12 mois (articles 132 et 132-1 CPP).

une demande de mise en liberté provisoire, ils n'ont d'autre choix que d'être suspendus à son bon vouloir. Dans ces conditions, au cours de son procès, le JNR risquerait d'être à court d'arguments, ce qui ne faciliterait pas la motivation de la décision à intervenir.

4.2.2 Chapitre 2 : l'obligation de motivation des jugements ou la large étendue du pouvoir d'appréciation du juge

Aux termes de l'article 381 du Code de procédure civile, tout arrêt, jugement ou ordonnance comporte obligatoirement, notamment les motifs retenus à l'appui de la décision avec référence à la règle juridique dont il est fait application. Cette exigence est reprise par l'article 2 alinéa 2 de la Loi N° 2018-37, précitée, qui énonce que les arrêts ou jugements doivent être motivés, à peine de nullité.

La motivation des décisions de justice constitue, à l'évidence, une exigence du procès équitable, c'est le support légitimant de la décision[142]. Cette obligation indispensable qui découle du statut du juge, vise plusieurs objectifs. D'abord pour le juge, c'est à travers la motivation qu'il fait la preuve qu'il agit dans le strict respect de la règle de droit, et qu'il prend conscience de la valeur de son contenu ; il ne s'agit pas seulement de prononcer un jugement, faudrait-il encore pouvoir convaincre en s'appuyant sur un raisonnement juridique fondé. La motivation démontre au plaideur qu'il a été entendu, compris, afin éventuellement d'attaquer la décision à travers les motifs. Puis, s'agissant des juristes, c'est l'occasion de procéder à l'analyse juridique de la

---

[142] J. Leroy, « La force du principe de motivation », *in La motivation*, Assoc. H. Capitant, LGDJ 2000, p 35.

décision ; enfin elle permet à la Cour de cassation d'exercer son contrôle sur l'application de règle de droit. L'obligation de motivation des décisions participe d'une bonne administration de la justice.

En matière civile, si le juge tranche le litige qui lui est soumis, il n'est demeure pas moins, en principe, que la direction du procès appartient aux parties à qui il revient de conduire l'instance, d'accomplir les actes, de produire les preuves et d'invoquer les règles de droit applicables.

La motivation des décisions doit rendre compte de la mise en œuvre de ces principes. Dans le cas du JNR qui ne peut soulever aucune question essentielle de son procès, comment le juge peut il y répondre de façon impartiale ? Dans un tel cas, il dispose assurément d'une large marge d'appréciation pour décanter les faits, exposer clairement les prétentions et les moyens, les rapprocher des dispositions légales applicables. A telle enseigne qu'il risque simplement de se substituer au JNR ; la situation se complique davantage en matière coutumière où, en dehors des règles de procédure civile, il n'y a pas de dispositions légales spécifiques. Le corollaire de tout ceci est que la qualité de certaines décisions laisse à désirer, non pas entièrement par la faute du juge mais tout simplement parce que ce dernier n'a pas les éléments suffisants pour asseoir une bonne motivation, elle-même liée à la qualité des débats.

Dans ces conditions, sans moyens de droit soulevés par le JNR, sa cause risquerait de ne pas être entendue en cas d'exercice de voies de recours.

4.2.3 Chapitre 3 : la notification des voies de recours, source d'incompréhensions multiples.

Conformément à la loi sur l'organisation judiciaire, toutes les décisions doivent obligatoirement mentionner l'avertissement donné par le président de la juridiction aux parties comparantes de leur droit de recours, ainsi que du délai et de la forme dans lesquels il peut être exercé.

Cet avertissement est fait à l'audience ou par notification, formalité par laquelle le contenu de la décision est portée à la connaissance d'une partie.

Les voies de recours constituent le prolongement du droit d'accès à la justice dont l'exercice soulève des incompréhensions. En effet, il n'est pas certain que l'avertissement donné sur le délai et la forme le soient toujours sous une forme régulière[143] ; ensuite, le cas échéant, que les plaideurs perdants en aient une claire compréhension. Dans le premier cas, heureusement que la Cour de cassation en tient compte et s'abstient de pénaliser les plaideurs[144]. Dans le second cas où l'avertissement est régulièrement donné, certains JNR se font à l'idée que le droit de recours commence à courir à partir du terme indiqué ; ils se présentent donc à son expiration pour s'entendre dire qu'ils encourent la forclusion[145]. Et la décision à intervenir fera simplement état des carences du JNR.

---

[143]La Cour de cassation relève, en matière de pourvoi, qu'il arrive souvent que les décisions des juges de fond comportent seulement la mention « avis de pourvoi donné », tout en trouvant que cette formule ne satisfait pas à l'obligation d'indiquer le délai et la forme dans lesquels le recours doit être exercé. Voir, Cour de cassation, Rapport d'activités, année judiciaire 2013-2014, p.18.

[144] Arrêt civil du 15 janvier 2019 Mxx C. M xxxx une partie s'est pourvue en cassation hors délai, la Cour a déclaré que le pourvoi doit être déclaré recevable car*« l'avertissement doit être intégralement fourni.»*

[145] Par exemple, en matière coutumière, le délai est de deux mois, très souvent, du fait de leur ignorance, les justiciables reviennent à l'expiration de ce délai pour vouloir interjeter l'appel.

4.2.4 Chapitre 4 : la délivrance de la décision : parcours du combattant pour son obtention ou exécution provisoire contre le JNR

Aux termes de l'article 2 alinéa 2 du Code de procédure civile : *« sous réserves de dispositions particulières relatives à la rédaction des décisions des hautes juridictions, les arrêts et les jugements doivent être rédigés dans un délai de 30 jours au plus tard par les juges qui les ont rendus, sous peine de sanctions disciplinaires telles que prévues par le statut de la magistrature. »*

L'encadrement de la rédaction, expression formelle de l'acte de juger, atteste s'il en est de la nécessité de tenir compte du temps dans le procès équitable. *« La dimension propre du droit c'est le temps »,* s'exprime Jean Carbonnier, en ajoutant que toutes les institutions juridiques n'ont de sens que dans le temps. Malheureusement, cette exigence n'est pas toujours prise en compte car il est constaté que les délais légaux ne sont pas respectés dans la rédaction des décisions, pour diverses raisons (Hamani Oumarou 2015). De l'avis même des acteurs judiciaires, la rédaction des décisions constitue une source de préoccupation.

Lorsque les décisions mettent en présence un JNR, plaideur gagnant, c'est un parcours du combattant qui commence pour entrer en possession du fameux sésame. Contrairement au plaideur représenté dont l'avocat veille au suivi, et même à la dénonciation des faits à la hiérarchie ; après tout le retard dans la rédaction des décisions judiciaires constitue une faute disciplinaire. Le JNR ne sait plus à quel saint se vouer, fréquemment à la quête du moindre renseignement entre les bureaux du juge et du greffier en chef. A contrario, lorsque le procès tourne au désavantage du JNR, il est fort probable que son adversaire représenté mette tout en œuvre pour se faire délivrer la décision dans les délais avec des chances de l'assortir de l'exécution provisoire.

4.2.5 Chapitre 5 : l'exécution de la décision ou l'ouverture d'un " nouveau procès"

«Le discours n'est là qu'en vue d'aboutir à une solution concrète. Il est un moyen et non pas une fin»[146].

L'exécution des décisions de justice dans un pays est, selon Montesquieu l'indicateur de l'Etat de droit[147]. Elle permet leur mise en œuvre concrète, car il ne suffit pas d'obtenir une décision si l'exécution n'est pas garantie.

Consacré à travers l'arrêt Hornsbydy vs Grèce du 19 mars 1997 par la CouEDH en ces termes : *« le droit d'accès à un tribunal serait illusoire si l'ordre juridique interne d'un Etat permettait une décision de justice définitive et obligatoire reste inopérante à l'égard des parties. »*.Le droit à l'exécution constitue le troisième et dernier volet du droit à un procès équitable (le premier étant le droit à un juge (arrêt Golder c/ Roy. Uni, 21 févr. 1975) et le deuxième le droit à un bon juge, entendu comme le droit à un juge indépendant et impartial et qui statue selon une procédure offrant toutes les garanties d'une bonne justice : publicité, équité, célérité[148]).

Au Niger, l'exécution des décisions de justice constitue un épineux problème. C'est fort pertinemment que les états généraux de la justice ont relevé les dysfonctionnements

---

[146]E. Spitz, cité par Elisabeth Lambert Abdelgawad, L'exécution des décisions des juridictions internationales des droits de l'homme: vers une harmonisation des systèmes régionaux, AFDI, 2006, pp.677-724.

[147]Monstesquieu, De l'esprit des lois I, Folio, essais, Paris, Editions Gallimard, 1995, p.185

[148] Lexique des termes juridiques, op. cit. p.746

qui se résument notamment en :*« difficile exécution des décisions de condamnation contre l'Etat, l'interférence dans l'exécution des décisions de justice, la complaisance dans l'exécution des peines privatives de liberté*[149]*. »*
L'exécution des décisions, après satisfaction des conditions préalables comme l'apposition de la formule exécutoire[150], n'est presque jamais amiable, les plaideurs perdants résistent jusqu'au bout, dans le but d'éprouver davantage leurs adversaires. Et par conséquent, l'exécution forcée devient la règle. Dans la matière coutumière où les JNR sont très présents, les difficultés dans l'exécution des décisions rendues en matière de foncier rural résultent, d'une part, de l'insuffisance liée au défaut de délimitation précise de l'objet du litige et de l'obstruction des autorités coutumières et/ou administratives, d'autre part. Il arrive que le juge qui a rendu la décision en assure lui-même l'exécution. Même dans ce cas d'exécution « facilitée », des frais attendent au tournant[151].Le recours aux services d'un huissier de justice expose davantage. La négociation se substitue à la tarification officielle. Par exemple, l'exécution dans une affaire champêtre moyenne peut atteindre 500.000f.

---

[149]états généraux de la justice, op. cit p.39

[150]Ceci implique des coûts fiscaux élevés en matière d'enregistrement des décisions de justice hors de portée d'un JNR.

[151] Toutes les juridictions ne disposent pas de moyens suffisants de fonctionnement. La justice est gratuite mais compte tenu de la situation de dénuement, les juges mettent parfois les justiciables à contribution pour suppléer les carences de l'administration. Par exemple, pour les juridictions qui ne disposent pas de véhicule de service, il faut passer par l'autorité administrative locale pour en réquisitionner ; une fois obtenu, le justiciable peut être appelé à supporter les frais de carburant et même la prise en charge du chauffeur et la sécurité de la mission.

CFA[152]. Une autre difficulté a trait à la réquisition des forces de l'ordre pas toujours promptes à répondre aux sollicitations des huissiers en invoquant une surcharge de travail. Dans le milieu judiciaire, on dit qu'elles s'érigent en quelque sorte en *« une instance qui juge de l'opportunité ou non d'exécuter les décisions de justice[153] ».*
Une fois la décision exécutée, des difficultés peuvent surgir à tout moment et nécessitent d'être portées à la connaissance du juge, à travers d'autres allées et venues, entraînant immanquablement des frais imprévus. Dans le pire des cas, la suite de l'exécution finit par se régler pénalement, avec l'ouverture d'un autre procès pour refus d'exécuter une décision de justice. Les incidents de l'exécution purgés, en matière immobilière, l'idéal serait d'assurer la sécurité juridique du terrain obtenu avec la délivrance du titre foncier, ce qui requiert les services d'un notaire et d'autres honoraires hors de portée du JNR.

L'un dans l'autre, de la plainte initiale, à l'exécution de la décision, il s'écoule un temps souvent non raisonnable.

4.2.6 Chapitre 6 : la difficile application du droit à un délai raisonnable

Selon un adage bien connu : «*le temps qui passe, c'est la vérité qui s'enfuit",* ceci pour mettre en exergue l'impératif

---

[152] L'huissier lui-même requiert la force publique ; en fonction de l'importance de l'affaire, il se déplace avec plusieurs agents des forces de l'ordre à prendre en charge.

[153]Comité de suivi des conclusions et recommandations des états généraux de la justice, Rapport de la mise en œuvre des conclusions et des recommandations des états généraux de la justice, janvier 2020, p.27

de célérité, repris par le Code de procédure civile qui à son article 3 alinéa 1dispose que : *« toute personne a le droit à ce que sa cause soit entendue par une juridiction indépendante et impartiale, dans un délai raisonnable ».*

L'instance doit donc s'inscrire dans un délai raisonnable, c'est-à-dire ni long, ni excessif, sinon le procès ne serait pas totalement équitable. Aucun texte n'établit une durée au-delà de laquelle la durée ne serait pas raisonnable. Il est tenu compte des circonstances de la cause ; c'est ainsi que la CouEDH examine successivement *« le caractère complexe ou non de l'affaire qui lui est soumise, le comportement des requérants (présence ou absence aux audiences, demande de renvoi...) et celui des autorités judiciaires ou administratives*[154]*. »*

La CAfDHP prend en considération à peu près les mêmes critères (complexité de l'affaire et la situation du requérant) pour apprécier si le délai considéré est raisonnable. Aussi, dans l'affaire Guéhi C. Tanzanie[155], elle *« estime que dans les circonstances où le requérant était en détention et qu'il n'avait pas entravé la procédure, l'État défendeur avait l'obligation de s'assurer que l'affaire est jugée avec la diligence et la célérité voulues. En outre, le retard n'a pas été causé par la complexité de l'affaire » ;* par conséquent elle conclut qu'il y a eu violation du droit du requérant à ce que sa cause soit entendue dans un délai raisonnable tel que garanti par l'article 7(1)(d) de la Charte.

Les délais jugés déraisonnables sont rarement inférieurs à trois ans[156]. Au niveau de la Cour de cassation, par exemple, rien que le retard dans l'acheminement des

---

154 Gilles Dutertre, op. cit, p.203.

155 Recueil de jurisprudence de la Cour africaine Volume 2 (2017-2018), op. cit p 493.

156 Jean vincent, Serge Guinchard, procédure civile, op. cit, p.389.

dossiers coutumiers frappés de pourvoi peut aller jusqu'à cinq ans.
De manière générale, DEGNI-SEGUI résume les causes du retard en Afrique, notamment en : *« procédures demandant de longues mesures d'information, surtout lorsque les dossiers sont traités successivement par plusieurs magistrats à l'instruction et au parquet ; aux nombreux renvois d'une audience à une autre ; aux retards dans la transmission du dossier d'une juridiction à une autre, au non-respect des délais légaux ; à la non comparution des témoins, etc ».*
De façon spécifique au Niger, plusieurs de ces raisons se retrouvent au Niger et expliquent le manque de célérité dans le traitement des dossiers, lié tantôt au fonctionnement des juridictions, tantôt aux justiciables. Parmi les premières, on peut citer la non rédaction des décisions à temps, les difficultés de mise en état et l'insuffisance des moyens financiers pour la transmission des dossiers.
En ce qui concerne les justiciables, leurs états et conditions de JNR jouent énormément contre eux dans la lenteur judiciaire. En effet, dans le traitement des dossiers, l'absence d'adresse précise de la plupart d'entre eux ne permet pas de faire les notifications, ce qui rend difficile la mise en état des dossiers de pourvoi. En outre, leur non représentation par un conseil fait qu'ils ne peuvent pas produire à la Cour un mémoire contenant des moyens de droit comme l'exige la loi, à plus forte raison conduire utilement un procès notamment devant la Cour de cassation. Le comble de tout ceci a trait à l'ignorance des règles minimales de fonctionnement de l'administration, en général, et de la justice, en particulier. Les JNR se présentent n'importe quel jour, et à n'importe quelle heure

devant le service public de la justice[157], pour affaire les concernant.
A la lenteur, décrite plus haut, liée à la mise en état des dossiers, s'ajoute la durée minimale de la procédure devant la Cour, et le temps passé devant les juges du fond. Il en résulte qu'en matière coutumière, la plupart des justiciables ne parviennent pas à jouir pleinement des droits que pourraient consacrer leurs procès. De nombreux dossiers initiés par des plaideurs sont terminés par leurs ayant droits qui, on l'a mentionné, se présentent sans se soucier qu'ils devaient être désignés mandataires afin de poursuivre l'instance. D'où la suspension de l'instance qui ajoute à la lenteur.

Au pénal, les délais peuvent être appréciés aux différentes phases de la procédure. A l'enquête préliminaire, le rapport de l'ACAT Niger[158] relève un certain nombre de dépassements des délais légaux de garde à vue. Devant le juge d'instruction, des dispositions, déjà examinées existent pour limiter la détention tant en matière correctionnelle que criminelle et des efforts sont fournis

---

[157] Ils ignorent le calendrier des audiences, qui sont généralement hebdomadaires, leurs horaires, a fortiori les procédures à suivre. Prenons l'exemple des actes d'état civil ; nombreux sont les JNR qui sont dépourvus de pièces d'état civil et n'essayent de s'en procurer que juste avant d'entamer un voyage. C'est seulement le jour "J", munis de leurs sacs, qu'ils se présentent à la justice espérant être servis séance tenante ; si c'est après l'audience, fallait-il leur demander d'attendre l'audience hebdomadaire prochaine ou faire preuve d'indulgence ?

[158] Contribution de l'ACAT Niger, la FIACAT, la Coalition Nigérienne Contre la Peine de Mort, SYNAFEN, REPRODEVH et la Coalition mondiale contre la peine de mort pour l'examen du deuxième rapport périodique du Niger par le Comité des droits de l'homme, 2018.

visant à réduire les délais d'instruction[159]. Cependant la phase de jugement quant à elle connaît des lenteurs, préjudiciable surtout pour les personnes ayant fait l'objet d'une détention provisoire au cours d'une procédure terminée à leur égard par une décision de non-lieu, de relaxe ou d'acquittement. Conformément à l'article 143-1 du Code de procédure pénale, une indemnité doit leur être accordée. Justice sera rendue, à travers la mise en œuvre de cette disposition, aux détenus de cette catégorie recrutés massivement parmi les JNR sans défense. Malheureusement, cette indemnisation prévue depuis une loi de 2003 reste inapplicable faute d'adoption du décret d'application prévu en la matière, devant fixer la procédure à suivre devant la commission.
Au vu des développements précédents, il appert que la non comparution des parties et le déséquilibre des armes contribuent grandement à la lenteur des procédures.

4.2.7 Chapitre 7: le principe du contradictoire et l'égalité des armes

Le principe du contradictoire est consacré à l'article 7 du Code de procédure civile qui dispose que : *« en toutes circonstances, le juge doit faire observer et observer lui-même le principe du contradictoire. Il ne peut fonder sa décision sur les moyens de droit qu'il a relevés d'office ou sur les explications complémentaires qu'il a demandées, sans avoir au préalable invité les parties à présenter leurs observations. »* Autrement, toute pièce soumise au juge en vue d'influencer sa décision doit être librement discutée

[159]Les statistiques montrent que la durée d'écoulement de stock en matière d'instruction est passée de 2,2 années en 2011-2012 à 1,5 année en 2015-2016.

entre les parties. Henri Motulsky inclut le principe du contradictoire dans le principe des droits de la défense[160].

Le principe du contradictoire évolue, il est de plus en plus question de dialogue parmi les principes émergents de la pratique des tribunaux .Le professeur Guinchard évoque le principe dit du dialogue avec les juges, entre les parties. En lieu et place de dialogue duquel jaillit la vérité, sans exagération, il s'instaure un dialogue de sourds ; le JNR ne parlant pas le même langage.

L'égalité des armes suppose que toutes les parties bénéficient des *« mêmes droits procéduraux, à moins que les distinctions ne soient fondées sur la loi et ne puissent être justifiées par des raisons objectives et raisonnables, n'entraînant pas de désavantage ou d'autres inégalités*[161]*. »*. La parfaite égalité de traitement et de moyens interdit que l'une des parties à un procès soit placée dans une situation de désavantage manifeste par rapport à l'autre partie. Au-delà des seuls moyens juridiques, le Comité des droits de l'homme de l'ONU recherche si le justiciable dispose, dans la pratique judiciaire concrète de l'Etat concerné, des moyens adéquats pour les utiliser, c'est-à-dire des moyens financiers, de l'aide juridique ainsi que du temps nécessaire pour préparer sa défense.

La jurisprudence de la Cour africaine énonce que l'égalité des armes peut être considérée comme relevant du droit naturel, en raison du lien étroit qui existe entre l'égalité et la justice[162].Aucune partie ne doit bénéficier d'un statut privilégié. Le principe du caractère contradictoire de la

---

160Motulsky H., « Prolégomène pour un futur Code de procédure civile : la consécration des principes directeurs du procès civil par le décret du 9 septembre 1971 », D. 1972, chron, p. 91, n° 6.

161Comité des droits de l'homme des Nations Unies, Observation générale 32 relative au PIDCP (2007), par. 13

162 OPPETIT, B., Philosophie du droit, Dalloz, 1999, p. 117.

procédure et celui du principe de l'égalité des armes sont indissociablement liés mais ne couvrent pas entièrement la même réalité. Dans une procédure, lorsqu'une seule partie a accès aux pièces d'un dossier, et que la partie adverse n'en a pas la possibilité, il y a violation du principe de l'égalité des armes. Au contraire, lorsque les (deux) parties n'ont pas eu la possibilité d'analyser un élément qui a déjà été soumis au juge, il y a violation du droit à la contradiction[163].

Ces deux exigences, concrètement ne bénéficient pas au JNR dans leur plénitude. La présence physique du JNR tient lieu de contradictoire ; il ne peut discuter notamment d'aucune pièce de son adversaire. Sans aucune connaissance, il ne peut invoquer aucun droit ; pour tout dire il est engagé dans un combat sans armes.

---

[163]Nuala Mole et Catharina Harby, Le droit à un procès équitable, Précis sur les droits de l'homme, N°3, Conseil de l'Europe, 2007.

5 Conclusion

En tant que caractéristique de l'Etat de droit, les pouvoirs publics doivent tout mettre en œuvre pour s'acquitter de l'obligation de l'accès à la justice qui dépend, selon Bhabha[164], des procédures institutionnelles mises en place au profit des personnes incapables d'accéder au système judiciaire.

Au Niger, l'écrasante majorité de la population accède à la justice par le mode de l'autoreprésentation, ce qui n'est pas sans conséquences tant sur le JNR, la justice que l'Etat. A l'endroit du JNR, se référant à notre problématique, de par son statut, le procès équitable lui est hors de portée. Au vrai, sa situation est moins enviable que celle du plaideur qui ne peut pas faire valoir ses droits ; car comparativement à ce dernier qui n'agit pas du tout, le JNR, lui, s'investit pleinement en temps et en énergie dans son procès, in fine avec des chances de gain quasi nulles[165], sauf peut-être, face à un de ses semblables JNR.

L'autoreprésentation a des incidences sur le système judiciaire, plus précisément sur l'office du juge, en tant que "vocation d'assurer la victoire dans le respect des principes directeurs", selon la définition du professeur Motulsky. En tant que garant des droits fondamentaux, le juge qui doit écouter, apprécier les prétentions et motiver ses décisions, se retrouve en présence de plaideurs, sans la

---

[164] Rapporté par Mostafa, Faisal BHABHA, « Institutionalizing Access-to-Justice: Judicial Legislative and Grassroots Dimensions », (2007) ;

[165]Dans l'arrêt *Bertuzzi*c. *France*, mettant en cause l'aide juridictionnelle française, la CouEDH a indiqué être *« d'avis que la possibilité de défendre sa cause seul, dans une procédure l'opposant à un professionnel du droit, n'offrait pas au requérant un droit d'accès à un tribunal dans des conditions lui permettant, de manière effective, de bénéficier de l'égalité des armes inhérente à la notion de procès équitable »*

moindre connaissance et compréhension du cadre juridique, qui subissent leurs procès. C'est dire que l'application de ces principes est biaisée à la base et la qualité de la justice s'en ressent.
Du côté de l'Etat, comme indiqué, l'accès à la justice est une obligation que celui-ci doit assurer par tous les moyens et ne « *peut se borner à rester passif*[166] ». Sinon, la proclamation du principe démocratique et constitutionnel de l'égalité entre les citoyens, fondement de l'Etat de droit risque de demeurer lettre morte.
La réalisation de cet idéal ne se limite pas à franchir le seuil des juridictions, faudrait-il encore avoir la garantie de l'effectivité de ses droits, à travers le procès équitable qui passe nécessairement par l'amélioration de la représentation en justice.
Force est de reconnaître que les exigences de *« bonne justice »* telles que brossées à grands traits dans cette étude, s'avèrent extrêmement difficiles à satisfaire, même dans les Etats européens où les systèmes judiciaires sont solidement installés, où les plaideurs sont suffisamment éclairés sur leurs droits et obligations, et peuvent faire le choix volontaire de l'auto-défense. La preuve, bon nombre d'entre ces Etats sont régulièrement condamnés, pour diverses violations. Que dire alors des pays africains en général, et du Niger, en particulier ? Simplement que la réalisation du procès équitable mettra du temps[167], en

---

[166]Airey C. Irlande du 9 octobre 1979, op. cit.

[167]Le pays est engagé dans un vaste chantier de réformes judiciaires avec le plan d'action de mise en œuvre de la politique nationale Justice et Droits humains décennale 2016-2025 d'un coût global prévisionnel de 314 365 656.000 CFA, financé à 55% sur fonds propres de l'Etat et à 45% sur l'aide au développement mobilisée. Ce plan prévoit notamment des actions d'envergure visant à faciliter l'accès à la justice, au droit, le rapprochement de la justice des justiciables : création de nouvelles juridictions et transformation de certaines en TGI, formation en quantité et en qualité de magistrats et

attendant, il importe d'imaginer des mécanismes supplémentaires afin de garantir l'effectivité des droits et garantir l'accès à la justice. L'éradication, du moins la réduction du phénomène de l'autoreprésentation, touche à la fois aux conditions générales du pays et aux réformes judiciaires à entreprendre par l'Etat. Le premier axe d'intervention est intimement lié à l'efficacité de la lutte menée contre les causes qui la sous-tendent à savoir la pauvreté et l'ignorance de l'écrasante majorité de la population afin de relever substantiellement les indicateurs sociaux, et ainsi réduire les inégalités sociales et économiques. Cet aspect n'est pas l'objet de notre étude. Le second axe a trait à l'amélioration du système de l'assistance juridique et judiciaire existant à travers la dotation de moyens conséquents, en plus d'imaginer d'autres mécanismes de renforcement. En dépit du principe de la gratuité de la justice, il pourrait être créé un fonds d'assistance judiciaire[168] qui serait alimenté

greffiers pour atteindre les normes internationales, encouragement et installation des avocats à l'intérieur du pays, audiences foraines, prise en charge des secrétaires des chefs traditionnels, vulgarisation des programmes d'appui, conseils sur les procédures judiciaires en langues nationales sur des thèmes préoccupant les populations rurales, création et réhabilitation d'établissements pénitentiaires etc.

[168]Au moment où nous finalisons cette étude, l'Etat vient de créer un Fonds d'Appui à la Justice (FAJ) destiné essentiellement au financement de la construction, de la réhabilitation et de l'équipement des juridictions et des établissements pénitentiaires ainsi qu'à l'assistance juridique et judiciaire.
La création et l'opérationnalisation de ce fonds se veut comme une *"réponse adaptée et innovante pour accroitre les moyens d'intervention de la Justice dans le but d'en améliorer l'accessibilité et l'efficience et asseoir un véritable Etat de droit au Niger."*
Si l'avènement de ce fonds est vivement à saluer, des interrogations subsistent quant à l'affectation de ressources suffisantes au volet de l'assistance juridique et judiciaire. En effet, tous les autres domaines d'intervention du fonds étant tellement budgétivores, il est à craindre

notamment par une taxe à imposer sur certains actes et prestations délivrés par la justice[169]. L'accès à la justice et les garanties du procès équitable n'ont pas de prix[170], facteurs de paix sociale et de développement durable. Car pour reprendre une expression du doyen George Vedel qui disait *« qu'il ne savait pas ce qu'était le droit, mais qu'il savait ce qu'était son absence : le règne des voyous, l'écrasement des faibles par les forts, la misère et les ruines, le retour à l'âge de pierre, les violences. Pas de civilisation sans droit, la barbarie et ses horreurs vivent dans les mondes sans droit. »*

---

que la portion congrue revienne à l'AJJ.

[169] Par exemple : certificats de nationalité, casiers judiciaires, assignations, inscriptions au registre du commerce etc.

[170]Justice pour tous, Rapport du groupe de travail sur la justice, avril 2019. www.justice.sdg.16.plus; consulté le 25 juillet 2020. Dans ce rapport, il est évalué le coût de l'injustice.

« *Au niveau mondial, les conflits coûtent 2 000 $ par personne et par an, et certains pays, où les niveaux de violence sont très élevés, perdent jusqu'à un 5ème de leur PIB. Les 3 impacts des problèmes de justice – baisse des revenus, dégradation de l'état de santé et coût des démarches juridiques – coûtent à eux seuls entre 0,5 % et 3 % du PIB annuel des pays de l'OCDE. Dans la plupart des pays à faibles revenus, le coût des problèmes juridiques ordinaires s'élève à plus de 2 % du PIB.* »

6 Bibliographie

6.1 Ouvrages et travaux généraux

Vincent Jean, Guinchard Serge, Procédure civile, Paris, Dalloz, 23ème édition, 1994

Guinchard Serge, Droit processuel, Dalloz, 5ème éd, 2009,

Salifou André, Histoire du Niger, Nathan, 2010

Le Roy, É. Les Africains et l'institution de la justice. Entre mimétisme et métissages, Paris, Dalloz (2004)

Hamani Oumarou, la rédaction des décisions de justice au Tribunal de grande instance hors classe de Niamey, Etudes et travaux du LASDEL, N°117, 2015 ;

Sassi Kenza, Les personnes non-représentées par avocat devant les tribunaux judiciaires civils, mémoire, Université de laval, 2018 ;

Balla Kalto Amina, La problématique de l'accès à la justice au Niger, Revue Electronique Afrilex, juillet 2013

Chaibou Abdourahaman, la jurisprudence nigérienne en droit de la famille et l'émergence de la notion de coutume urbaine

Dutertre Gilles, Arrêts Campbell et fell (Extraits clés de jurisprudence, Cour Européenne des droits de l'homme, , Editions du Conseil de l'Europe, juillet 2003

Mbaye Keba,Les droits de l'homme en Afrique, Editions A. Pedone, septembre 1992

Bernheim Emmanuelle et *Laniel* Richard-Alexandre, Le droit à l'avocat, une histoire d'argent, 2015 93-1 Revue du Barreau

L'accès à la justice en Europe : présentation des défis à relever et des opportunités à saisir, FRA – Agence des droits fondamentaux de l'Union européenne, 2010

Logan Carolyn, L'ambition des ODD confrontée à la réalité: La justice demeure inaccessible à beaucoup d'Africains, Synthèse de Politique No. 39, Afrobaromètre Mars 2017

La chancellerie, revue semestrielle d'informations et d'analyses du Ministère de la justice, N°4 juillet 2019

Théorie en réalité dans l'application du droit : une enquête internationale sur l'accès à la justice, In: *Revue internationale de droit comparé.* Vol. 31 N°3, Juillet-septembre 1979

Berthier Laurent, La qualité de la justice, université de Limoges, 2011

Frison-Roche Marie-Anne, Le droit d'accès à la justice et au droit, in Libertés et droits fondamentaux, 16ème éd., Dalloz

Talfi Bachir T., Quel droit applicable au Niger ? Le pluralism juridique en question, the Research department, The Danish Institute for Human Rights, 2008

Stefani Gaston, *Levasseur* Georges, *Bouloc* Bernard, Procédure pénale, 15ème édition, Précis Dalloz, 1993

Raynal Maryse, Les institutions judiciaires du Niger, Niamey, ministère français de la Coopération et du développement, décembre 1990 ;

Délégation de l'Union Européenne en République du Niger, L'assistance juridique et judiciaire au Niger ;

6.2 Rapports, articles, mémoires

Comité de suivi des conclusions et recommandations des Etats généraux de la justice, Rapport de la mise en œuvre des conclusions et des recommandations des Etats généraux de la justice, janvier 2020

INS, Rapport de l'analyse de l'étude nationale d'évaluation d'indicateurs socio-économiques et démographiques, volet justice, gouvernance sécurité, février 2016

Cour suprême, Bulletin des principaux arrêts ,1995

Cour suprême, Les principaux arrêts de la Cour suprême, N°28, année 1993, édition 1997

Cour de cassation, Principaux arrêts, année 2014

Cour de cassation, Rapport d'activités, année judiciaire 2014-2015

Afrobaromètre Dépêche No. 174 | 27 novembre 2017

INS et Ministère de la justice, rapport final de l'enquête nationale sur la corruption en milieu judiciaire et les autres phénomènes sociaux, mai 2018

INS, Etude Nationale d'Evaluation d'indicateurs socio-économiques et démographiques (ENISED), volet Justice Gouvernance et Sécurité, 2015 ;

Makada Mahamane Ibrahim, L'accès à la justice au Niger, Mémoire de fin de cycle pour l'obtention du master 2 recherches en « Droits de la Personne Humaine et de la Démocratie » Promotion 2014 -2015

Khamis Mostafa, La Cour africaine des droits de l'homme : quelles restrictions à l'accès à la justice ? Mémoire, Université de Montréal, janvier 2018

Santorineos Anne-Marie, L'accès à la justice en matière de droits de la personne : les discours juridiques sous le regard de la typologie des 5 vagues élaborée par Roderick A. Macdonald, Mémoire de maîtrise Soumis à la Faculté de droit de l'Université de Sherbrooke, Québec en vue de l'obtention du grade de Maître en droit 23 septembre 2016

6.3 Conventions, lois et textes

Charte africaine des droits de l'homme et des peuples ;

Convention européenne de sauvegarde des droits de l'Homme et des libertés fondamentales ;

Constitution du Niger du 25 novembre 2010

Loi n°1962-11 du 16 mars 1962, fixant l'organisation et la compétence des juridictions en République du Niger ;

Loi N° 2015-23 du 23 avril 2015 portant Code de procédure civile

Loi n° 61-33 du 14 août 1961 et ses textes modificatifs subséquents, portant institution du Code de procédure pénale

Loi n° 2018-36 du 24 mai 2018, portant Statut de la Magistrature

Loi N°2018-37 du 1er juin 2018, fixant l'organisation et la compétence des Juridictions en République du Niger ;

Loi N°2011- 42 fixant les règles applicables à l'assistance juridique et judiciaire et créant un établissement public à caractère administratif dénommé «Agence nationale de l'assistance juridique et judiciaire»

Loi n° 61-33 du 14 août 1961 portant institution du Code de procédure pénale (modifiée par Loi n° 2003-026 du 13 juin 2003 et la Loi n° 2004-21 du 16 mai 2004

Loi n°2004-42 du 8 juin 2004 portant réglementation de la profession d'avocat

Décret n° 2012- 543/PRN/MJ du 13 décembre 2012 déterminant les statuts de l'ANAJJ

6.4 Webographie

Ministère de la Justice, Document de politique nationale, Justice et droits humains, disponible sur www.justice.gov.ne

Emmanuelle Bernheim et Richard-Alexandre Laniel, Le droit à l'avocat, une histoire d'argent, 2015 93-1 Revue du

Barreau canadien 251, 2015 CanLIIDocs 219, <http://www.canlii.org/t/8bh>

Panier Christian, « L'accès au droit et à la justice. Jalons pour une démocratie juridique et judiciaire [*] », Revue interdisciplinaire d'études juridiques, 1980/2 (Volume 5), p. 1-34. DOI : 10.3917/riej.005.0001. URL : https://www.cairn-int.info/revue-interdisciplinaire-d-etudes-juridiques-1980-2-page-1.htm;

De Gaudusson Jean du Bois, La justice en Afrique: nouveaux défis, nouveaux acteurs Dustice_31_3_34357_1979 Article disponible en ligne EAUX Dustichttps://www.cairn.inforevue-afrique-contemporaine-2014-2-page-13.htm;

Colombet Hélène, *Gouttefangeas* Alice, « La qualité des décisions de justice. Quels critères ? », *Droit et société*, 2013/1 (n° 83), p. 155-176. DOI : 10.3917/drs.083.0155. URL : https://www.cairn.info/revue-droit-et-societe1-2013-1-page-155.htm;

Sergeguinchard.blogspot.com belles pages 8 : le justiciable tel que la justice devrait le placer au centre de l'institution

TABLE DES MATIERES

Structures éditoriales du groupe L'Harmattan

L'Harmattan Italie
Via degli Artisti, 15
10124 Torino
harmattan.italia@gmail.com

L'Harmattan Hongrie
Kossuth l. u. 14-16.
1053 Budapest
harmattan@harmattan.hu

L'Harmattan Sénégal
10 VDN en face Mermoz
BP 45034 Dakar-Fann
senharmattan@gmail.com

L'Harmattan Cameroun
TSINGA/FECAFOOT
BP 11486 Yaoundé
inkoukam@gmail.com

L'Harmattan Burkina Faso
Achille Somé – tengnule@hotmail.fr

L'Harmattan Guinée
Almamya, rue KA 028 OKB Agency
BP 3470 Conakry
harmattanguinee@yahoo.fr

L'Harmattan RDC
185, avenue Nyangwe
Commune de Lingwala – Kinshasa
matangilamusadila@yahoo.fr

L'Harmattan Congo
67, boulevard Denis-Sassou-N'Guesso
BP 2874 Brazzaville
harmattan.congo@yahoo.fr

L'Harmattan Mali
ACI 2000 - Immeuble Mgr Jean Marie Cisse
Bureau 10
BP 145 Bamako-Mali
mali@harmattan.fr

L'Harmattan Togo
Djidjole – Lomé
Maison Amela
face EPP BATOME
ddamela@aol.com

L'Harmattan Côte d'Ivoire
Résidence Karl – Cité des Arts
Abidjan-Cocody
03 BP 1588 Abidjan
espace_harmattan.ci@hotmail.fr

Nos librairies en France

Librairie internationale
16, rue des Écoles
75005 Paris
librairie.internationale@harmattan.fr
01 40 46 79 11
www.librairieharmattan.com

Librairie des savoirs
21, rue des Écoles
75005 Paris
librairie.sh@harmattan.fr
01 46 34 13 71
www.librairieharmattansh.com

Librairie Le Lucernaire
53, rue Notre-Dame-des-Champs
75006 Paris
librairie@lucernaire.fr
01 42 22 67 13

www.ingramcontent.com/pod-product-compliance
Lightning Source LLC
LaVergne TN
LVHW051020051026
849532LV00004BA/1301
9782343230368